歴史文化ライブラリー

497

中世の富と権力

寄進する人びと

湯浅治久

吉川弘文館

目 次

なぜ、寄進と権力か——プロローグ

寄進という行為

寄進《きしん》とは、やや古めかしい（？）物言いで聞き慣れないかもしれないが、寄付とか譲渡と言い換えれば、現代にもありふれた行為であることが理解できるだろう。要するに、「寄進」とは他者にものを譲渡する行為である。ただし「他者」が人とは限らない。建物であったり、神や仏であったりする。もちろん人の場合もある。ただし人も個人とは限らず、ある集団（団体・結社）であったりもする。本書はこの「寄進」という行為の持つ意味から、中世という社会の特質を考えようとするものである。

ところで通常、私たちは、ものを譲渡する場合、何を期待するだろうか。おそらく何らかの返礼を期待するだろう。その行為に相当する何かであったり、違うものや、あるいは行為だったりする。社会学や文化人類学で言うところの贈与論は、この譲渡と返礼が個人や社会に及ぼす影響を問題とする。談合《だんごう》とか賄賂《わいろ》などという生臭い「見返り」に結果する譲渡もあるだろう。あからさまな「見返り」は反社会的なものとして取り締まりの対象となる。では、お歳暮やお中元などはどうだろう。お世話になったあかしに、というが、「お世話になった」ことの返礼として、ここにも贈与が組み込まれていることは明らかである。

慈善と神仏

それでは、まったく「見返り」を期待しない純粋な譲渡はあるだろうか。

まず、慈善団体やチャリティへの寄付が相当するだろう。この場合、見返りは期待しないのが普通である。ただし、慈善は公共や公益、いわば「公《おおやけ》」への奉仕を生み出す場合がある。「公」の性格によって、そこに「権力」が生まれる可能性があることには注意せねばならない。

つぎには神仏への寄進・寄付があげられる。神仏への帰依《きえ》や信仰のための行為に、見返りなどあってはならないことはよくわかる。しかし、寄進者は、本当に何も得なかったのだろうか。そうではあるまい。彼は、名望や名声を得ていよう。名望や名声には、確かな社会的機能があるのである。神仏、あるいは神仏を表象する建物や団体への寄進は、篤信者という称号を彼にもたらす。これが社会的なプレステージに転化することは、現代の我々でも皆、知っている。

すでにやや旧聞に属するが、現代の企業家・大金持ちであるマイクロソフトのビル・ゲイツや、バークシャー・ハサウェイのウォーレン・バフェット、アップルのスティーブ・ジョブズらによる慈善事業への莫大な寄付を持ち出すまでもなく、大企業から個人まで、慈善や神仏（の表象）に寄付や献金を行なっている事実は枚挙に遑《いとま》がない。それが彼らの活動を総体としてボトムアップ（底上げ）していることは間違いない。おまけに現代は、これに税金控除の対象となる「余得」を付け加えることができる。はやり立派に「見返り」は存在すると考えられよう（行為自体の純粋性はもちろん否定しないが……）。

こうしてみてくると、寄進・寄付という行為が社会の文脈のなかで特有の意味を持つことの一端が理解できるだろう。そして筆者のみるところ、日本史のなかで寄進という行為が重要な役割を持ち、すみずみにまで意味を持った行為だったのは、中世という時代である。

中世の寄進

多くの高校日本史の教科書には「寄進地系《きしんちけい》荘園《しょうえん》」という用語が載っている。中世社会の骨格である荘園制を作り出す際に、「寄進」という行為が重要な役割を担ったことは比較的よく知られている。しかし「中世の寄進」とは、荘園のなりたちにとどまるものではない。誤解を恐れずに言えば、中世の社会で「寄進」とは、たんにものを譲渡するだけでなく、そのことにより、新たな富、そして組織や権力を作り出す行為だったのである。

近年、贈与の古典的な著作であるマルセル・モースの『贈与論』に関する研究が多方面で進められている。贈与の持つさまざまな関係性が、現代社会の閉塞感を打開するための鍵として注目されているのである。たとえばそのなかの一つである経済学の分野で、若森みどりが紹介するデイヴィット・グレーバーの議論によれば、モースの贈与の規定として、「階層的諸関係という社会編成」への視点があらためて評価されているという（若森みどり「贈与―私たちはなぜ贈り合うのか―」『現代の経済思想』、ディヴィット・グレーバー『負債論』による）。

モースの贈与論の議論は単なる一枚岩ではなく、共産主義的諸関係、相互的交換、英雄的贈与などにならんで、階層的諸関係を創り出す贈与が存在する。それは、返済の見込みのない贈り物を与えたり貸したりすること、逆に受け取ったり借りたりすることが構築する関係である。つまり贈与のなかには権力が形成される契機が存在する、というのである。

多種多様な関係を紡ぎ出す贈与行為の枠組みを拡げる議論だが、こうした考えにたてば、まさに譲渡や寄進とは、階層的な権力を構築する手立てだったことになろう。そしてこれは、中世社会によく当てはまると言える。

また一方で重視すべきは、中世は神仏とともにある社会であることである。神や仏が圧倒的な迫力をもって、人間社会と対峙していたのが中世という時代である。平安時代中期から戦国時代に至る長い期間の寄進行為を考える場合にも、当然、そのひとかたならぬ影響を考えないわけにはゆかない。その追究は、本書でも大きなテーマの一つとなるだろう。

それでは、中世において寄進される「富」とは、そして「権力」とは何だろうか。

中世の富と権力とは

何が富であるかは、その人の立場によりさまざまであろう。貴族や武士にとっては、荘園や所領を多く持ち、朝廷や幕府で相当の地位を得ることが、富であり権力である。民衆の願望としての富とは米や銭や酒であり、中世に成立した説話《せつわ》や芸能の世界では、それらがあふれる出る蔵をたてること、所有することとして表現される。そして富は徳と表現され、徳を持つ人＝有徳人《うとくにん》という人物像こそ、富を体現する人格であった（小松和彦『福の神と貧乏神』による）。

民衆にとっては、富を得、蔵をたて、立身出世することが願望だったことは、多くの御《お》伽草子《とぎぞうし》や説話が教えるところである。しかし有徳人が多くの富を体現するためには、一方で宗教的・道徳的な徳（徳目）が必要とされたのである。致富のためには徳を積む必要があった。

じつは寄進という行為は、こうした有徳人にとって都合のよい行為だったのである。つまり寄進により、富と徳とは両者が一体となって体現されるべきものとなり、そのことにより彼の「権力」は盤石なものとなってゆく、というわけである。

権力は下からくる

もっとありていに言えば、寄進とは、富を暴力によることなく集積し、そしてまた配分する行為だったと考えることができる。とくに中世の地域社会に生きる有力者たちにとって、それは重要な行為だったのである。この有力者とは、有徳人と呼ばれる民間人や、武士、または地方の権門と言われる寺社に奉仕する人びとなどが相当する。

とかく中世社会論では、王である天皇や名だたる貴族、大名や中央の大寺社に依拠する神官や僧侶などを「権力」とみなしがちだが、彼らが依拠する富とは、地域に生きる、より下層の人びとが体現するものであった。このように考えると、位相は逆転する。

下層にある富を自らのもとに、いかに組み込み、どのようにその富を編成するかが、権力を持つことができるか否かを左右する鍵だったのである。また逆に、自らが得た富をどのように地域に還元しえるかが、いったん構築した権力の維持をはかるためには不可欠の要素でもあった。権力による富の集積と再分配、そのもっともプリミティブ（原始的、素朴な）なものの一端を、中世では寄進が体現していたのである。

そしてこうした意味あいにおいて言えば、権力とはまさに下から来るものである。近年の政治学や法社会学においても、「下からくる権力」というものが注目されているゆえんである（杉田敦『権力論』による）。「王政や国家の全体におよぶ大文字の権力のようなものを、われわれは想定すべきではない」のであり、ミシェル・フーコーによれば、権力とは「下からくる」ものであり、「二者間の二項的な支配関係」では決してないという。それは「むしろさまざまなローカルな力関係が、結果として社会の断層を形成する」というようなものである。

ここで言う「さまざまなローカルな力関係」が生成する「場」こそ、まさに富と権力の発生の「場」、いわば「権力の磁場」に他ならないだろう。またさきにみたように、「公」「公共」という空間も、権力を生み出す場合がある。そしてそれは暴力という「力」に限定されない「関係」である。

また、一口に権力と言ってもさまざまなタイプがある。ここでは「社会的権力」という概念にふれておく。「社会的権力」とは、国家と個人の間にあって、自治を体現する一方で、自己統治をするような団体＝結社のことを意味している。いわば集団的・中間的な権力であり、その主体に中間的な有力者が存在することを特色とする。日本史では近世における中間統治機構である大庄屋《おおじようや》や大都市における大店《おおだな》などが取り上げられ研究されてきた。しかしそれは中世においても存在し、在地領主をはじめ、土豪や有徳人、あるいは宗教団体（結社）などを分析の対象とすることができる。本書では寄進を媒介として、こうした日本中世の「社会的権力」についても俎上《そじよう》に載せてゆきたい。

本書の意図するところは、為政者の政治的な動きにばかり目を奪われることなく、その背後に潜む「下からくる権力」に注目した社会史である。それは、寄進という行為をキーワードとして、中世の富と権力のあり方をさぐる一つの試みである。

なお、本書の図版のうち、とくに出典を示していないものは、拙著・拙稿を典拠としている（一部改訂あり）。これらについてはいちいちの出所を示していない。

中世社会のなりたちと寄進

富が生まれるところ

『信貴山縁起絵巻』にみる長者の寄進

まず、中世の成立期の寄進の様相をさぐるために、絵巻物に注目してみよう。『信貴山縁起絵巻《しぎさんえんぎえまき》』は、一二世紀半ば頃に成立した絵巻物で、日本四大絵巻の一つに数えられる。信貴山とは河内国（現大阪府東部）にある信貴山朝護孫子寺《ちょうごそんしじ》のことであり、この絵巻は寺の本尊である毘沙門天《びしゃもんてん》の縁起を描く絵巻物である（小松和彦『福の神と貧乏神』、泉武夫『躍動する絵に舌を巻く　信貴山縁起絵巻』などによる）。

話はこうである。信濃から出てきた聖《ひじり》の命蓮《みょうれん》は、河内国信貴山で毘沙門天像を祈り出す。命蓮は、いつも「山崎長者《やまざきのちょうじゃ》」から米の施し、すなわち寄進を受けていた。その方法

図1　『信貴山縁起絵巻』（信貴山朝護孫子寺所蔵）「飛蔵」の条

は鉢を長者の米蔵に飛ばし米を得る、という奇想天外なものである。しかしある時、長者の下人が吝嗇《りんしょく》のあまり米を出し渋り、鉢を蔵に閉じこめてしまう。すると米蔵が独りでに動き出し、一〇〇〇俵もの米俵ごと、命蓮のもとに飛んで行ってしまう。山崎長者は驚いて命蓮のもとに参じ、許しを乞い、米俵を返してもらうが、米蔵は命蓮のもとに留め置かれたという。

『信貴山縁起絵巻』は三巻に分かれており、一巻には詞書はない。しかし話は他の史料によりこのように復元できる。このあと二巻・三巻と違う話が続くが、ここでは省略しよう。三巻では、やがてこの米蔵が朽ち果ててしまうのだが、その木の端を手に入れると「徳」が付く、という評判となり、人びとがこぞって求めた、という印象的な話で終わる。この「徳」が、福神である朝護孫子寺の本尊の毘沙門天の功徳であることは、言うまでもないだろう。

流通と交易から富が生まれる

さて、こうした簡単な紹介からも興味深い点が多々浮かび上がる。まずこの絵巻の主人公の命蓮は実際の人物で、九世紀から一〇世紀前半の人物である。絵巻の成立が一二世紀半ばとすれば、中世の成立期である院政の時代の様相を示していることになる。朝護孫子寺に米を寄進する長者の住む山崎とは、淀川《よどがわ》河畔にあり京にも近い大山崎である。そこの長者は同時に「下種《げす》の徳人」と呼ばれていた。これは富裕な人物、つまり有徳人《うとくにん》であるが、「下種」と呼ばれているように、身分的には下層の者とされている。ただ、下層と言っても貴族などから見てのもので、実際には院政期の畿内周辺に出現した富裕な者であったと思われる。

彼の所有する米は、農業経営で得たものではないようだ。『信貴山縁起絵巻』には長者の家に油を絞る道具が描かれており、荏胡麻《えごま》を商いする大山崎商人を従える長者だったのだろう。（大）山崎は淀川の水路だけでなく、陸上交通の要衝《ようしょう》でもあったから、この米は流通販路で確保したものであり、まさに「富」の象徴として描かれていることになる。彼は流通・商業に携わる者の長者であったのだろう（『大山崎町史 本文編』による）。

長者とは何者か

ところで「長者」とは何者であろうか。近世以前の社会では、ある集団の「長《おさ》」となるべき人をひろく長者と言ったのである。古代では氏の「氏上《うじのかみ》」に由来する氏長者《うじのちょうじゃ》が八世紀の末には出現している。平安時代の貴族である王氏・源氏・藤氏・橘氏らの諸氏にはそれぞれ氏長者が存在し、氏人を統括し氏神・氏寺を管理した。寺院にも、たとえば東寺《とうじ》には長者がいた。また、芸能に秀でた者を長者と呼ぶ場合もあった。

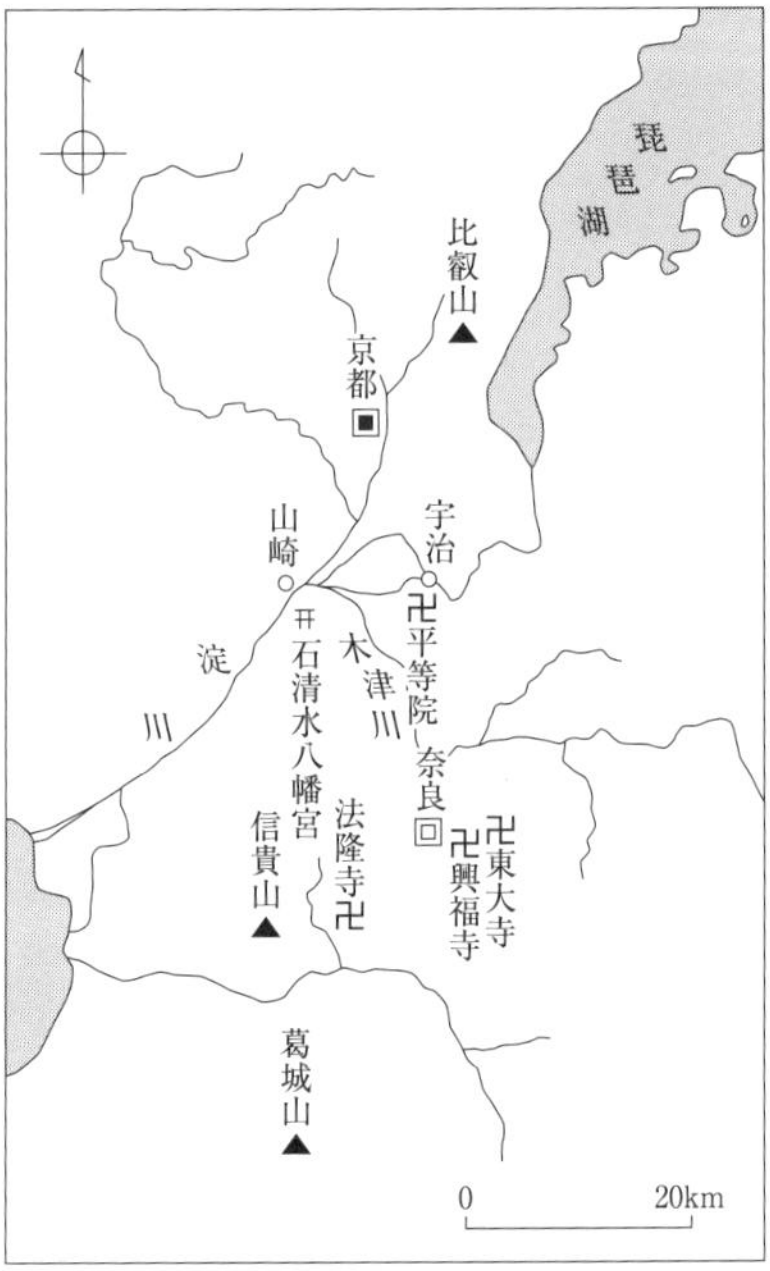

図2　山崎と信貴山の関係地図（泉武夫『信貴山縁起絵巻』小学館，2004年）

さらに源義家《みなもとのよしいえ》など、武家の棟梁《とうりょう》も長者と言った。鎌倉幕府第三代将軍の源実朝《さねとも》は「関東の長者」と呼ばれている（『吾妻鏡《あずまかがみ》』）。また、在地の有勢者・富裕な人を指して長者と言う場合もある。『今昔物語《こんじゃくものがたり》』

巻二六には、猿神を退治する「郷の長者」が出てくるが、これは郡司《ぐんじ》や荘園の「沙汰人《さたにん》」（年貢徴収や事務をとった者）などのことであろう。河内国の武士水走氏《みずはやし》も、鎌倉時代に河内郡南物長者職を持っている（『水走文書』）。

さらに交通の要衝である宿には「宿の長者」がいる。中世の東海道青墓宿《あおはかのしゅく》（岐阜県大垣市）や興津宿《おきつのしゅく》（静岡市清水区）には「宿の長者」が出現している。そしてこうした宿の多くには毘沙門天が福徳神として祀られているのである（『吾妻鏡』『興津文書』）。

もうおわかりであろう。山崎の長者とは、大山崎という交通の要衝（のちの宿に相当）の場に、交通や交易を生業として成立した長者だったのである。その長者が、命蓮を介して朝護孫子寺の毘沙門天に帰依した物語、それが『信貴山縁起絵巻』なのである。この絵巻が成立したと言われる院政期、京都を中心として活発化する富の移動を背景に、有徳人たちの物語が紡がれたのである。そもそも、原始仏教でブッダへの多大な資財の提供で称賛された長者たちの富も、商業などで得たものであったという（保坂俊司『宗教の経済思想』による）。

有徳人の「徳」とは

またこの絵巻物の説話《せつわ》は、長者や有徳人の「徳」の性格をよくあらわしてもいる。山崎長者の家の者が吝嗇のあまり寄進を怠ると、長者の富が消え失せてしまう点である。

命蓮に対する、ひいては朝護孫子寺に対する帰依・信仰心の有無がそこに象徴されている。ここに、約束を違えない、という彼の道義上の徳目も加えることができるだろう。これらは有徳人の「徳」の性格をよくあらわしている。「徳」を積まない有徳人は、富を失うことになるのである。

またこの話は、鎌倉時代に成立したとされている『古本説話集《こほんせつわしゅう》』にも「信濃国聖事」と題して類似する説話が収められている。この話がひろく中世に流布したことが知られよう。そして小松和彦が引用する室町時代に成立したとされる『聖誉抄《せいよしょう》』にも、「信貴山」とする項に、絵巻と類似する話が載っている。そこでは山崎の長者は、信貴山に参籠《さんろう》して大福長者となったが、訪ねてくる僧への施しを怠ったために、蔵が信貴山へ飛び立ち、貧乏となって零落してしまったという。いずれにせよ、これらの説話があらわす徳と富の関係は、中世の人びとにひろく受容されたものであったことになろう。

荘園制をささえて

貴人に集まる寄進

『信貴山縁起絵巻』が成立した一二世紀半ば頃の前後約一世紀とは、ちょうど中世を特徴づける荘園が成立ラッシュを迎えた最中であった。つぎに、荘園、そして公領《こうりょう》（国衙領《こくがりょう》）など、中世の土地・社会制度の根幹と寄進の関係についてみてゆこう。

まずやや特殊な事例からみてみよう。一一世紀末の寛治《かんじ》五年（一〇九一）、朝廷は源義家の随兵《ずいひょう》の入京を停止し、諸国百姓の田畠公験《くげん》（所有権を立証する文書）を義家に寄せることを禁じている。（『百錬抄』寛治五年六月十二日条）。

この事態は、源義家が陸奥国に守として赴任した永保《えいほ》三年（一〇八三）に始まった「後三年の役」で、奥州の乱を解決し、都に凱旋した際に事の端を発する。乱の収束後、朝廷は義家の戦いを私戦と認識し、何ら恩賞を与えなかった。ついで義家は京都で、朝廷の信頼の厚い弟の義綱《よしつな》と合戦を企てた。この事件で義家に与えられた処罰が、先の義家への寄進の禁止などであった。

これに関連すると思われる記事が『後二条師通記《ごにじょうもろみちき》』にもあり、そこには翌寛治六年五月には、義家がたてた諸国の荘園の停止が命じられている。それでは、義家は土地の寄進を得て荘園を建立したのだろうか。そうではない。これは義家が開発領主と摂関家や王家との間を仲介して、荘園がたてられたことを意味しているものと考えられている（元木泰雄『河内源氏』による）。こうした仲介は、受領《ずりょう》や貴族の家司《けいし》層よりなされる。

義家は陸奥守でありまさに受領、そして摂関家に伺候《しこう》しており、仲介者にふさわしい。だが一方で、源義家が武門の棟梁として名声を得て、「諸国」とされる多くの国々から寄進の仲介を求められることは、威勢のある者、高貴な者たちに寄進が集まる様子を示している。こうした動きは、どのように広汎な荘園の成立に結果してゆくのだろうか。荘園制の形成における仲介者の動向については、本書ではとりわけ留意してゆきたい。

ところでこうした寄進行為は、すでに古代の律令国家の時代から存在していた。古代の状況を一瞥《いちべつ》しておこう。『律令』の「田令《でんりよう》」第九「官人百姓条」によると、律令国家は古代の官人や百姓が田宅園地を「捨施《しやせ》」したり、「売《う》易《かえ》」て寺などに与えることを禁止しており、八、九世紀にはすでにこうした動きがみとめられる。

古代の寺と施入

これらはおもに中央政府の周辺の事態だろうが、たとえば五世紀から八世紀末までの仏教説話で、僧景戒《けいかい》の手になる『日本霊異記《にほんりよういき》』には、地方の豪族や村落の人びとが造立した「寺」や「堂」が生き生きと描かれており、古代の仏教のひろがりがみてとれる。そしてこれを裏付けるように、近年の発掘成果により、小規模な「村落内寺院」とみられる遺跡が各地で多数発掘されている（藤本誠『古代国家仏教と在地社会』による）。

こうした古代の「寺」や「堂」は、地方豪族や富豪の輩により建立されたもので、当然敷地をふくめた土地の施入《せにゆう》が行なわれていただろう。また「寺物」「堂物」などの付随物もみえる。それは出挙《すいこ》の酒や米など、おもに動産と考えられているが、のちに述べる中世の「仏物」「神物」などとの共通性もうかがえ、興味深い。これらも檀越《だんおつ》（檀那のこと）や信者により施入されたものであったろう。ただし『律令』が田宅園地の施入を禁じているように、公地公民制を基本とする古代国家はその行為を抑制していたのであり、古代の施入はいまだ限定されていたものであったとみられる。

しかしこうした趨勢《すうせい》は、その後も止まることはなかった。やがて荘園の成立に結果する寄進の波が、日本列島に押し寄せることになるからである。

荘園の成立と寄進

それは、寄進が預託・贈与としての性格を持ち、寄進者が被寄進者と取り結ぶ関係を必要としていたからに他ならない。威勢を募り、政治的な権門勢家《けんもんせいけ》と呼ばれる貴族や寺社のもとには、寄進により荘園が集中することになる。またそれは、保護と被保護の関係（パトロン・クライアントの関係）となって人間の鎖を縦横に展開させる。中世社会は、まさにここに始まってゆくのである。

本格的な荘園成立の胎動は、一一世紀前半から始まるが、その波は意外にも、列島の辺境とされる九州や奥羽地方を巻き込んで展開する。それは当時の勢家である摂関家領荘園として出現する。たとえば島津荘《しまづのしょう》は、万寿《まんじゅ》三年（一〇二六）頃、大宰府大監《だざいふだいげん》の平季基《たいらのすえもと》が、日向国島津院付近の荒野を開拓し、藤原頼通《ふじわらのよりみち》に寄進したことに始まる。その後、島津荘は拡大し、鎌倉時代初期にかけて日向（現宮崎県）・大隅（現鹿児島県東部）・薩摩（現鹿児島県西部）三国にまたがる大荘園に発展する。

一方、奥六郡《おくろくぐん》・山北三郡《せんぼくさんぐん》を北限とする奥羽の地にも、広大な摂関家領荘園が成立する。これらの多くは一一世紀前半から一二世紀初頭までに成立しており、陸奥に六荘園、出羽に六荘園を数える。これは中央国家の支配が比較的弱かった辺境地域に、寄進の主体となる現地の有力者が多かったことによるが、いかに摂関家藤原氏への預託・贈与がはげしいものだったかを物語る。さきの源義家への「寄進」も、これに連なるものだったのである。

複雑な成立事情

しかし現在、こうした説明だけで荘園の成立を語ることはできない。最新の研究を参照すると、その動向はかなり複雑である。ここでは近年における最新の成果である、荘園史研究会編による『荘園史研究ハンドブック』などを手がかりに、概観してみよう。

古代から荘園は存在するが、中世に展開する荘園が成立するのは摂関期である。摂関期とはおよそ一〇世紀末から一一世紀中頃までを指すが、この時期の荘園は、まだ完全な領域を有していない過渡的なものである。免田《めんでん》（規定の税の徴収を国が免除した田地）という耕地と寄人《よりうど》（人的支配により所役を勤める荘民）のみが国衙から認可されたもので、国免《こくめんの》荘《しょう》と言われるような未熟なものだった。国衙の支配は強く、一一世紀中頃には新立荘園を抑制する荘園整理令も発布される。この時期に目立つのは、中下級の貴族や官人が地方で積極的に開発を行ない、さらに上級貴族の権威を募って寄進されるなどして、荘園を形成していったことである。この開発された所領は、「私領」と称されている。

こうした動向は、石清水八幡宮《いわしみずはちまんぐう》（寺）による荘園の形成など寺社領の荘園によるものも多いが、もっとも顕著であったのは、摂関家領の荘園であった。上級貴族と言えば、やはり摂関家藤原氏である。藤原道長《みちなが》の時代からみられたが、急速に増加していくのは一一世紀後半の藤原頼通・師実《もろざね》親子の時代である。頼通の時代の荘園の形成としては、永承《えいしょう》七年（一〇五二）、宇治平等院《うじびょうどういん》を建立し、寺用をまかなうために、所持していた荘園を寄進したことが有名である。さきにみた島津荘や奥羽の荘園は、こうした摂関家領荘園の一つであったわけである。

ただ、留意せねばならないのは、この時期までの特徴として、私領を寄進された摂関家らが、必ずしも積極的に荘園の形成に乗り出していたわけではなかった、という事実である。こうした傾向が劇的に変化してゆくのは、つぎの院政の時代である。

院政期の荘園

応徳《おうとく》三年（一〇八六）、白河《しらかわ》院政が開始され、院政の時代を迎える。この時期になると、さきの寺社や摂関家はもとより、王家と呼ばれる院・天皇・女院らの主導により多くの荘園が立てられることになる。この動向を最近の研究では「立荘《りっしょう》」と呼び、「立荘論」という議論として提起されている。そしてその荘園の多くは、明確な領域（「四至《しいし》」という）を持った、いわゆる「領域型荘園」であることを特徴とする。こうした荘園の成立をもって、中世は荘園制の時代とするのが、近年の研究の主要な動向である。

では、なぜ王家らは前の時代と異なり、積極的に立荘を行なうようになったのか。それは、朝廷の財政政策が転換したことと大きな関係がある。朝廷は、院の御願寺《ごがんじ》の建立や内裏《だいり》の造営、大嘗会《だいじょうえ》などの国家的な費用の調達を、国司から納められる官物《かんもつ》から、成功《じょうごう》（費用の納入と引き替えに官位を貴族に与える制度）や、荘園・国衙領を問わず、一律に賦課される一国平均役に求めるようになった。これを基盤として、貴族や寺社が荘園を不可欠のものとするようになり、家産機構の整備を始めたのである。その際には、王家や貴族の周辺の人的なネットワークがものを言った。

「私領主」と呼ばれる中小貴族や受領の開発した「私領」が立荘の候補地となると、「券契《けんけい》」と呼ばれるその権利証文が集められる。すると、王家らにより「私領」をはるかに超えた荒野が荘園として囲い込まれ、「私領」とは似ても似つかない広大な領域の荘園が形成されるのである。囲い込まれた領域には、国衙領などが存在しており、一律に「不輸《ふゆ》」

（税を負担しない）の地であったわけではないが、王家や摂関家の威勢を背景にした働きかけにより、立券《りっけん》により四至を確定された領域を持った荘園となってゆくことになる。こうしてこの時代には、厖大な摂関家領荘園が再編され、また王家領荘園群が建立されたのである。

「立荘論」と寄進

こうした新たな立荘論は、いくつかの点で従来のイメージに修正を迫った。まず一つは、私領主より寄進された私領と、実際に王家・貴族より立荘された荘園の大きな「乖離」である。これは中央の権門勢家の持つ強大な権力とネットワークが、地方を大きく囲い込むことによって成り立ったものである。また、開《かい》発領主《ほつりょうしゅ》＝在地領主《ざいちりょうしゅ》の実像も大きな修正が必要となった。実際の私領主とは、中下級貴族や受領など、中央にコネと基盤を持つ者が大半であり、のちに武士＝在地領主となってゆく階層はその一部分だったのである。これらのことから、地域に住む開発領主である在地領主が、王家や貴族にその土地を寄進することで成立するとされた寄進地系荘園のイメージは、過去のものとなったのである。

そしてそこでは、寄進という行為についても、積極的な役割を与えられなくなった。寄進は、「荘園形成の一つのプロセスにすぎない」（前掲『荘園史研究ハンドブック』）などと後景に追いやられているのが現状である。

近年の精緻な研究の現状を紹介したが、あえて本書はこれに異を唱えてみたい。寄進は本当に「一つのプロセスにすぎない」のだろうかと。まず、「一つのプロセス」とは言うものの、摂関期の荘園の形成はもちろん、多くの立荘にも贈与行為としての寄進が組み込まれている。それは、私領主と王家・有力貴族・大寺社との間の行為でもあれば、王家・貴族間の行為もある。それぞれの人間を結びつける贈与行為として寄進の持つ意味は小さくはない。とくに地方の「私領」が寄進される場合、地方と中央を繫ぐ存在がどうしても必要となる。この場合、受領など中央―地方を行き来する階層の私領形成と寄進が重視されるが、結果としてそれは辺境の開発地にまで展開し、さらに地域の在地領主の参入がなされてゆく。島津荘や奥羽の荘園がその典型だろうが、その際に、寄進の連鎖と言われる縁の世界の広がりが、やはり必要とされるのではあるまいか（なお、「立荘論」に依拠しつつも、こうした寄進を重視する鎌倉佐保『日本中世荘園制成立史論』もある）。

荘園を超えてゆく寄進

しかも重要なことは、さきにみたように寄進の本質が贈与行為である以上、寄進は荘園の形成を超えてゆく、ということである。中世では寄進されるものは荘園だけではない。本書の主眼はここにある。古代から始まり、中世に固有の意味を持つ寄進行為の機能とは、本書のエピローグでも述べるように、近世社会には受け継がれない。つまりは中世に固有な行為なのである。

贈与としての寄進の持つ意味については、本書の主題であり、しばしばこれから述べることになるが、ここであらためて強調したいのが、摂関期・院政期の流通や交易の発展である。辺境に至るまでの荘園制の形成は、立荘と寄進による人間の鎖の連鎖であるとともに、中世の富の京への集中と、それを担う流通・交通の発展を不可欠のものとしていたのである。

受領や荘園経営に携わる「沙汰人《さたにん》」と呼ばれる人たちは、京畿の周辺に拠点を構え、地方からあがってくる富を一手に裁いていた。彼らは、京近郊に倉や納所《なっしょ》（収納をになう機関）と呼ばれる拠点を設定し、借上《かしあげ》（高利貸付業者）など金融業を営み、また運輸業などにも関与していた。その姿は、さきに紹介した『信貴山縁起絵巻』に描かれた山崎の長者に見事に重なる。

山崎は古代以来の水陸の交通の要衝であり、平安時代にはすでに荏胡麻油の生産も開始されていた。その山崎に蔵を構え、荏胡麻油の交易に関与するこの長者は、まさにそうした院政期の流通発展にともなって、生業を営む者であったにちがいない。荘園の成立と巨大な流通システム、そこに介在する沙汰人、すなわち有徳人の出現とは不可分のものであり、院政期に新たに出現した富の集積のシステムだったのである。すると、つぎはその富の配分が問題となるだろう。そこに贈与としての寄進が組み込まれていることを、かの絵巻は象徴しているのである。

紛争解決行為としての寄進

鎌倉時代の寄進とその抑制

鎌倉時代に入ると、荘園の形成は下火となる。立荘は終息の方向に向かうのである。治承《じしょう》・寿永《じゅえい》の内乱（治承四年〈一一八〇〉～元暦二年〈一一八五〉）を経て鎌倉幕府が成立すると、朝廷は建久《けんきゅう》二年（一一九一）に荘園整理令を出し、荘園を整理する方針を打ち出す（「公家法」三二条『中世法制史料集』第六巻、以下「公家法」は同書による）。

同時にこれより以前、つまり白河・鳥羽《とば》・後白河《ごしらかわ》らの院政時代に立荘された荘園は、「三代御起請之地」と呼ばれ特別視されるようになり、ここに荘園制の枠組みが定まった。これ以降、後鳥羽院政の時代の鎌倉前期に、畿内近国で小規模な立荘が散見されるが、承久《じょうきゅう》の乱以降には、立荘はほぼ姿を消すことになるという。

しかし寄進はなくならない。そのことを示すのが、寄進に関わる行為を禁止するこの時代の諸法令である。しばらく大石直正らの所論に従いながら、概観してみたい（大石「荘園公領制の展開」『講座日本歴史三』などによる）。

まず早いところからみると、建久二年、さきの荘園整理令が載るのと同じ公家新制（朝廷が発令した成文法）には、「諸国の人民、私領をもって神人《じにん》、悪僧《あくそう》ならびに武勇の輩に寄与するを停止すべし」として、諸国の人びとが、神人・悪僧と武勇の輩へ私領を寄進することを禁止している（「公家法」三四条）。これは荘園の新立禁止のすぐ後段にみえるので、一連の事態への対応とみなせる。

そして貞応《じょうおう》二年（一二二三）の鎌倉幕府の追加法《ついかほう》（『中世法制史料集』第一巻、以下「幕府法」は同書による）では、所領について訴訟を致すの輩が「武士に相語り寄附するの間、敢えて理非を糺《ただ》さず、沙汰を枉《ま》げるの由、聞しめす事、もし実たらば、甚だもって濫吹《らんすい》なり」とあり、幕府の裁判においても、所領を有力な武士に預託（寄附・寄進）して有利に進めようとする者があったことがわかる（「追加法」八条）。ちなみに同じ趣旨の立法は、貞永《じょうえい》元年（一二三二）の鎌倉幕府の『御成敗式目《ごせいばいしきもく》』四七条にもあり、「不知行」（権利がありながら知行ができない状態）の所領やその文書をもって他人に寄附することが禁じられている。ここからは寄附・寄進が荘園だけではなく、武士の所領にまで及んでいることが読みとれるだろう。

また幕府法においては、寛喜《かんぎ》三年（一二三一）、公家新制を受けるかたちで、近年は「山僧《さんそう》や神人が（中略）、或いは寄附の神領と称して甲乙の庄園を押妨《おうぼう》し、或いは供用物《くようもつ》と号して遠近の屋舎を煩《わずらわ》す」という事態が問題となっており、停止の対象となっている（「追加法」三三条）。山僧《さんそう》や神人の行動が、立荘ではなく荘園を神領として浸食する事態に発展しており、公家と武家の双方が、これを抑止しようとしている。また延応二年（一二四〇）、幕府は「私」に寺社に寄進した地を収公する旨の法令を出す（「追加法」一五一条）。これは御家人所領の保護のためのものとみなされる。

さらに弘安《こうあん》八年（一二八五）十一月に後宇多《ごうだ》天皇より発せられた二〇ヵ条からなる公家新制には、所領の寄進に関わるものが多く載せられている（「公家法」三五〇〜三六九条）。寺領を他の寺社や人に寄進することや、自らの相伝を完全なものにするために寄進することが禁止されている。もっとも特徴的なものは、相論が「未断の地」、つまりは係争中の所領を権門や寺社に寄進することが禁じられていることである。ここから、武家・公家を問わず土地の権利を他者に預託することで、自らの知行《ちぎょう》を回復しようとする寄進が横行していたことが理解できる。これは中世に「寄せ沙汰《よざた》（寄沙汰）」といわれる行為に他ならない。寄進は一面で、「寄せ沙汰」と同じ性格を有していたことになる。

「寄せ沙汰」としての寄進

「寄せ沙汰」は、治承二年の公家新制に「諸社の神人・諸寺の悪僧が京中を横行して訴訟を決断する」と、中世の早い時期からあらわれる（「公家法」二九条）。これは彼らが勝手に京都で訴訟を「決断」（専横）する行為とみられている。しかし法廷内での訴訟の代行（中世では「面《おもて》を替《か》える」という）というだけではなく、「他人の譲与ありと号し、親子の契約ありと称して、田畠・負《ふ》物《もつ》等につきて、是非を糾さず裁断を待たず、権威をふるい押取《おさえと》らんと擬《ぎ》する」（文永《ぶんえい》八年〈一二七一〉神野《こうの》真国猿川《まくにさるかわ》三ケ庄々官等連署起請文『高野山文書』『鎌倉遺文』一〇八三九）ような行為も同様である。つまり一般的に他人からの譲与を得たと称して自己の権利を主張する、一種の自力救済行為となる。「他人の譲与」「親子の契約」などによる「寄進」が、この行為を呼びおこすのである。

このように公家・武家を問わず鎌倉時代にも横行する「寄せ沙汰」であるが、じつは「寄進」が「寄せ沙汰」と同じ性格ということにより、荘園領主である権門貴族内部の

「寄進」も説明することができる。院政期の荘園の内部構造は、通常考えられているように複雑ではなく、上級の権門が「本家《ほんけ》」となり、その下に「預《あずかり》」「預所《あずかりどころ》」と称されるような下級の荘園の知行者および荘官が存在する、というシンプルなものであった。ところが鎌倉時代になると、「本家」と下部の下級領主である中下級の貴族とその家司らの間に、荘園をめぐる権利の紛争が頻発するようになる。これは、立荘が停止し、荘園が限られてくることにより、荘園の内部の権利がさらに細分化される傾向を背景にしている。細分化された権利は、自己に有利な関係を形成するために預託、つまり寄進されるのである。

このことにより、従来指摘されていたような、本家―領家―下司《げし》といった重層的な荘園の支配系統が形成される、というのが最近明らかになった、荘園内部の運動のかたちである。これは「寄せ沙汰」としての寄進以外の何者でもなかろう。

寄進地系荘園の形成過程を論じる場合、必ずといってよいほど引用される肥後国鹿子木《かのこぎの》荘《しょう》の事例を例にとろう。この荘園に関する「鹿子木庄事書」という史料（『鎌倉遺文』八四二三）によると、この荘園は、開発領主である寿妙《じゅみょう》の子孫中原高方《なかはらたかかた》が権威を募《つの》るがために、大宰大弐《だざいだいに》藤原実政《さねまさ》に年貢四〇〇石を納める条件で「寄進」し、実政を領家と仰ぎ白分は預所となる。その後、国衙の押妨を受けた実政の子孫が、さらに得分のうちの二〇〇石を高陽院《かやのいん》内親王に寄進し、さらにその後を継いだ仁和寺《にんなじ》が本家となったと記されている。これを信じれば、寄進は下から権門を仰ぐという、典型的な寄進地系荘園の成立過程を示すものとなる。

しかし現在、この史料は鎌倉後期に作成されたものであることが解明されている。つまり、ここに記された事実とは、成立期の荘園の形成過程ではなく、鎌倉中後期の荘園内部の権利分化のありようを反映したものであったことになる。この行為は、ほかならぬ「寄せ沙汰」そのものなのである（高橋一樹『鎌倉幕府と中世荘園制』による）。

山僧・神人・武勇の輩

そして「寄せ沙汰」を行なう者として頻繁に出てくるのが、山僧・悪僧・神人などと呼ばれた人びとであった。さきにみた治承二年の公家新制に、すでに彼らの名が記されていた。山僧とは比叡山延暦寺《ひえいざんえんりゃくじ》の下級の僧侶であり、悪僧とも呼ばれた。彼らは武具や兵杖をもって傲訴《ごうそ》（神仏の権威をかさに大挙して訴訟を強行に主張する行為）の際の主力となる者で、神人とは権門諸神社の供奉人《ぐぶにん》である。

彼らは富裕な存在であり、その富を「日吉上分物《ひえじょうぶんぶつ》」として貸し付けるという、金融業の担い手でもある。他の寺社も同様で、たとえば熊野三山《くまのさんざん》の配下の者たちも「熊野御初穂《はつお》物《もの》」を他者に用立てている。

つまり、彼らは宗教の衣をまとった金融業者であり、有徳人だったと考えてよいだろう。鎌倉時代、宋《そう》からもたらされた銭の流通はいよいよ盛んとなり、銭を融通する借上や利銭《りせん》(利子を付けて金銭を貸す者)が各地で暗躍するが、鎌倉時代の中期から後半にかけて、幕府はことのほか、彼らの金融活動が御家人の経済に浸透してくることを警戒し、しばしば追加法で、御家人が所領を借財のかたに彼らに引き渡すことを禁止している。

このことは、彼らの金融活動と「寄せ沙汰」が一連のものであったことを如実に物語っている。御家人の経済基盤である所領が、「寄せ沙汰」によって失われていくことが頻繁にあったのである。そして彼らと並んで、「武勇の輩」の「寄せ沙汰」が警戒されていた。これは、さかのぼれば、さきにみた源義家に集まる寄進を彷彿とさせる事実である。では、鎌倉時代にも有力な御家人たちに、実際に所領が集まっていたのだろうか。

執権北条氏への寄進

鎌倉時代を通じてそのもっとも大きな存在は北条氏《ほうじょうし》、とくに多数に分かれた家のなかでも北条氏一族の嫡流、いわゆる得宗家《とくそうけ》である。その所領である「得宗領」が厖大に集積されていた。武家への寄進は、荘園の成立には結びつかないものの、鎌倉時代には武家の支配下にある荘園＝「武家領《ぶけりょう》」という所領の

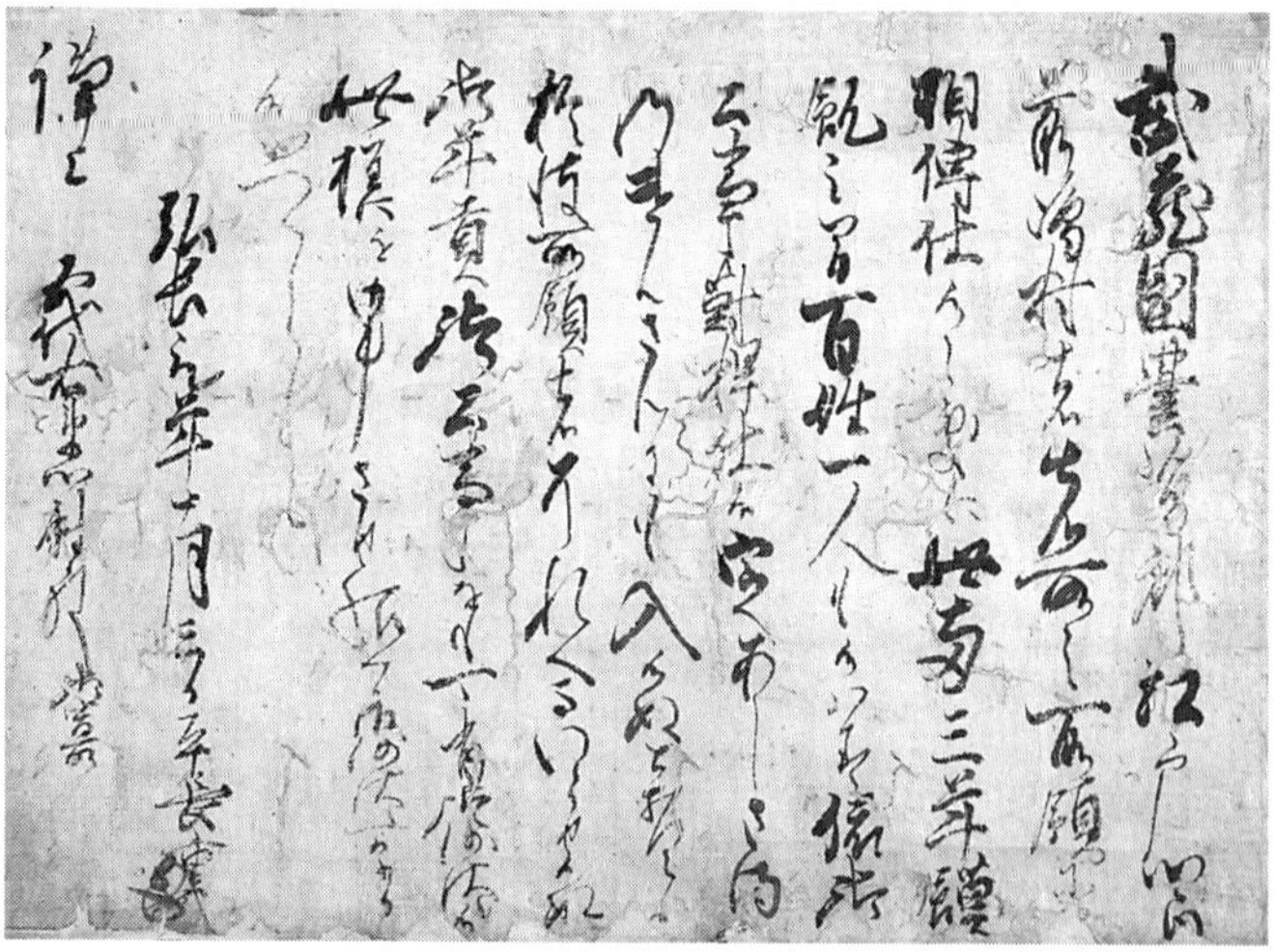

図3　江戸長重避状（関興寺所蔵）

概念が成立しており、まさにその集積として隆盛していた。

当初は将軍の所領である関東御領《かんとうごりよう》が集積されていた。そこに介入するかたちで、北条氏の所領として、多くの内乱で没落した武士の所領が集められていった。また困窮や争い、裁判に直面した御家人が、北条氏の威勢を募り、婚姻関係などを通じて所領を寄進したのである。その多くは地頭《じとう》職で、得宗専制と呼ばれる北条時宗《ときむね》・貞時《さだとき》・高時《たかとき》の時代（一三世紀後半～一四世紀初頭）を通じて、およそ約四〇〇ヵ所にも及ぶという。

たとえば弘長《こうちょう》元年（一二六一）、武蔵国の有力御家人である江戸長重《えどながしげ》は、三年ほど前におこった「正嘉《しょうか》の飢饉《ききん》」の影響下、自分の名字の地・豊島郡《としまぐん》江戸郷《えどごう》内の前島村《まえじまむら》で、百姓らが逃げだし一人もいなくなる、というきわめて深刻な荒廃の危機に直面していた。

そこで長重は、得宗北条氏へ、家臣である五代院氏《ごだいいんし》を宛所《あてどころ》（宛先）にして避状《さりじょう》を認《したた》め、前島を譲り渡すことにしている（『正宗寺文書《しょうじゅうじ》』、図3）。こうすることで長重は前島を復興し、自らはその代官（給主）として所領からの得分を確保し生き残る道を選んだ。また、こうすることで、江戸氏は御家人としての身分を残したまま、得宗の家臣となる道を選択したのである。

現在の江戸東京のルーツとも言うべき、江戸郷前島村をめぐる興味深い事実だが、これは、立派な北条氏への所領寄進である。またこの後、前島村は円覚寺《えんがくじ》領となっている。これは、北条氏の所領が、さらに由縁の寺社領としてストックされてゆく、という注目すべき事態をあらわしてもいる。前島村は荒廃に晒《さら》されていたが、東京湾奥部に開けた湊の所在地でもあった。北条氏がここを受けることにしたのも、こうした立地条件もあったに相違ない。事実、集積された得宗領は、街道や湊町など、交通の要衝に立地することが多いと言われている。

たとえば信濃国伴野荘《とものしょう》（長野県佐久市伴野）は、千曲川《ちくまがわ》に沿って開かれた鎌倉街道に面しているが、この街道の近辺に得宗領が集中していることからも、それが言えるだろう。江戸氏は、前島や、さらに奥部の千束郷石浜《せんぞくごういしはま》などを有する「大福長者《だいふくちょうじゃ》」とされる富裕な御家人である。零落していたとはいえ、そこに有徳人の風貌をうかがうことも可能である。ここにも、寄進と有徳の関係をみることができる。

こうした「寄せ沙汰」としての寄進は、形を変えてその後も受け継がれる。南北朝期以降の事態をごく簡単にみておこう。

室町・戦国時代へ

まず、鎌倉時代の御家人クラスの武士が、南北朝期から室町期に所領が「不知行」となった場合、室町幕府の直轄所領である御料所として寄進することによって、その支配を回復するという事態がしばしばみられる。近江国湖西（滋賀県北西部）高島郡《たかしまぐん》の朽木氏《くつきし》の場合をみておこう（以下はすべて『朽木家文書』による）。

近江国の有力武士佐々木一族の朽木氏は、湖西にある本領の朽木荘以外にも各地に所領を持っていたが、永享《えいきょう》三年（一四三一）に至るまでに、本領を除いたすべての所領が「不知行」となっていた。そこで朽木氏は、本領の近隣にある「不知行」所領である高島郡の安主名《あんずみょう》・後一条《ごいちじょう》を室町幕府に寄進し、御料所とした模様である。応仁《おうにん》二年（一四六八）には、両所が足利義尚《あしかがよしひさ》の「供菜料所」に指定されていることがわかる。この時点で朽木氏は、幕府の御料所の管理というかたちで両所に再び介入を果たした。

これらの所領は、じつは南北朝期以来、朽木氏の一族や近隣の親類の間で相論が繰り返され、その支配が不安定だったのであるが、この時点で、それぞれ称弥陀院《しょうみだいん》・大智院《だいちいん》という領主が存在しており、朽木氏はその代官職に任命されることによって、自らの知行を回復したのである。

また、朽木氏と御料所の関わりについては、ほかならぬ本領朽木荘の御料所化という事態もあった。朽木荘は寛正《かんしょう》四年（一四六三）に幕府の御料所となり、年額一〇〇貫文の負担を強いられている。これには朽木氏も苦しんだようで、御料所指定の解除を画策するが、容易には実現しなかった。応仁の乱が開始された直後の応仁元年十二月、二〇年余りを経てようやく解除されている。じつは、それとともに実現されたのが、さきの安主名・後一条の御料所化だったのである。

このように、幕府の御料所指定は複雑な側面もあるが、室町幕府奉公衆という身分を持つ朽木氏は、幕府に所領を預託（寄進）することで、その支配の梃子としていたことは間違いない。これなどはまさに、さきにみた鎌倉幕府が『御成敗式目』四七条で禁止した行為そのものである。

南北朝から室町時代には、こうしたことが枚挙に遑《いとま》がない。その他の興味深い事例として、惣村《そうそん》による年貢の寄進＝上納という行為をみたい。これも近江国の事例だが、湖北（滋賀県北部）の惣村として著名な菅浦《すがのうら》は隣村大浦《おおうら》との訴訟を有利に導くために、上納物を内蔵《くら》寮《りょう》や山門、竹生島に寄進している。これは、これら「高家」に寄進をすることによる「寄せ沙汰」に他ならない（蔵持重裕『中世村の歴史語り』による）。まさに、上は武士から下は惣村まで、預託行為、「寄せ沙汰」に類似する行為がひろく行なわれていたのである。

神仏への帰依と寄進

寺社への寄進行為を考える際に、避けて通れないのが、信仰や宗教の問題である。寄進の盛行の背景にある、古代から中世の宗教とはいかなるものなのだろうか。

古代・中世の神と仏

日本には古来より神祇《じんぎ》（天と地のカミのこと）という神々があり、信仰の対象となっていたが、仏教の伝来以来、八世紀頃には急速に両者が一体化する。いわゆる「神仏習合《しんぶつしゅうごう》」である。武家から武神として尊崇された八幡神《はちまんしん》の流行を中心として、石清水八幡宮寺《いわしみずはちまんぐうじ》などのように、神社に附属して寺院に建てられる「宮寺《ぐうじ》」の出現に、それはあらわれている。そのもとで、古代社会にも神祇と仏教の信仰はいっそう活発に展開する。そのありようは、『日本霊異記』などに詳しい。

そして一〇世紀になると、神は仏が化現《けげん》した姿であるとする「本地垂迹《ほんじすいじゃく》」説があらわれ、ここに中世的な神仏観が成立する。これ以降、神仏に対する信仰がいっそう社会に浸透してゆくことになる（伊藤聡『神道とは何か』による）。

顕密仏教と寺社勢力

じつはその一〇世紀とは、古代仏教から中世仏教への転換点ともされる。律令体制が破綻し、財政が地方への依存度を高めると、それまでの古代寺院は朝廷の援助を得られなくなり、自立の道を模索するようになる。そのため、国家祈禱から、生き残りを掛けて個人や来世の祈りの領域にまで進出してゆく。これは貴族社会を中心に密教《みっきょう》や浄土教《じょうどきょう》が盛んとなったことに示される。そして古代以来、平城京を中心として栄えた南都六宗《なんとろくしゅう》（法相宗《ほっそうしゅう》・華厳宗《けごんしゅう》・倶舎宗《くしゃしゅう》・律宗《りっしゅう》・三論宗《さんろんしゅう》・成実宗《じょうじつしゅう》）に、平安京を中心に栄えた天台《てんだい》・真言《しんごん》の二宗を加えた八宗《はっしゅう》を中心とする顕密《けんみつ》仏教が中世の主要な仏教として成立する。

この顕密仏教のもと、天皇の王権である王法と仏法が相互に依存する体制（王法・仏法相依論）を「顕密体制」と呼んだのは、黒田俊雄である（黒田『日本中世の国家と天皇』による）。「顕密体制」論が提起された一九七五年以降、中世仏教の主流はかつての鎌倉新仏教ではなく、この顕密仏教であることが、学界のほぼ共通した通説となった。

神祇信仰と習合した仏教思想は、一〇世紀には、上は天皇・貴族から下は百姓ら民衆に至るまで広範囲に浸透してゆく。とくに貴族層は天台宗や真言宗寺院に自らの子弟を入寺させ、貴族社会の階層秩序を寺院社会に持ち込んだ。そのうえで、厖大な荘園・公領を寄進して、壮大な寺領荘園群を形成する。顕密寺院に結集した人びとは、大きな社会勢力として寺社勢力を形成し、中世社会の主要な社会集団となってゆく。これが自立の道を模索した顕密寺院の中世的なあり方の基本となったのである。

こうした寺社勢力と寄進との関わりでまず問題となるのは、当然のことであるが荘園の問題である。すでに荘園と寄進の関係についてはは論じたが、ここではあらためて寺社と荘園の関係についてやや詳しくみてみよう。

荘園の成立と仏神事の用途

まず摂関時代だが、石清水八幡宮（寺）が一〇世紀半ばから一一世紀半ばまでに、畿内を中心に三四ヵ所もの荘園を形成する。王臣家から私領が施入され、それを基盤に仏神事用途という名目で、国司から官物や臨時雑役《ぞうやく》の免除を獲得したものが多い。この仏事・神事とは特定の国家的な祭祀のことで、寺社の役割として重要である。その用途《ようと》（費用）を出すという論理で荘園が寄進される。

この動向がさらに展開するのが、院政期における御願寺《ごがんじ》領荘園の立荘である。院政期には、法勝寺《ほっしょうじ》、尊勝寺《そんしょうじ》、円勝寺《えんしょうじ》などいわゆる六勝寺《ろくしょうじ》をはじめ、多くの王家の御願寺が造営された。そして御願寺には厖大な数の荘園が施入（寄進）されたのである。さきにみたように、この時期の立荘こそが中世荘園の本格的な成立時期だが、その多くは王家の仏事・神事（御願）を遂行するための寺院に設定された荘園である。そこには短期間に集中的に多数の荘園が設定され、安楽寿院《あんらくじゅいん》領（鳥羽院の発願）などの王家領荘園群が成立、その後、宣陽門院《せんようもんいん》や八条院《はちじょういん》などの女院領荘園として展開してゆく。その他の顕密寺院である東大寺《とうだいじ》、東寺、金剛峯寺《こんごうぶじ》（高野山《こうやさん》）、延暦寺などの多くの寺社の荘園も、この時期以降、本格的な成立をみる。

しかし注意しなければならないのは、すべての荘園が寺社領となるわけではない、というあたりまえの事実である。寄進が預託や贈与の性格を持つことによる荘園の付与も当然ありえた。宗教的な祭祀のための寄進と、預託・贈与としての寄進が、重なり合う部分を持ちながら、二つの論理として存在していたのが中世社会の特質であったのである。遠藤基郎は、このふたつを、「御願用途の論理」（寺領荘園の場合）と「安堵契約の論理」（王家領荘園などの場合）として概念化しているが、両者の関係をうまく表現している（遠藤「荘園制収取の構造と変容」『歴史学研究』七四二による）。

人物・仏物・神物

つぎに、寄進をみる際に重要な「人物《ひとのもの》・仏物《ほとけのもの》・神物《かみのもの》」についてみておこう。これは笠松宏至が明らかにしたことで、いわば中世社会におけるモノの区別の問題であり、所有ということの本質にも関わる。笠松の論じるところを、本書の関心にそってごくかいつまんで述べれば、以下のようになるだろう（笠松『日本中世法史論』・『法と言葉の中世史』による）。

日本中世の慣習法である「大法《たいほう》」の一つに、「仏陀施入《ぶつだせにゅう》の地、悔返《くいかえし》すべからず」「仏陀、人に帰らざるは大法歴然」「神明寄附のもの、悔返すべからず」というようなものがある。その意味するところは、いったん仏神のものとなったものは、いかなる理由があるにせよ、もとには戻らない、ということで、具体的には、仏神の所有に帰したものは人の物や僧の物にすることはできない、という法理である。ここではこの法理を、「仏陀法《ぶつだほう》」としておこう。

この「仏陀法」の前提には、中世における「ものの界の区別」が存在しており、それが「仏物・神物」「人物」「僧物」である。この区別は古代以来の寺社の所有の展開があり、やがてそれらを「僧物」が浸食してゆく（これを「互用《ごゆう》の罪」という）。

やがて俗人の「人物」と「僧物」の一体化が進むと、逆に「仏物・神物」観念の強調が必要となる。それがこの「仏陀法」だというのである。そして「仏陀法」と寄進との関わりをみれば、笠松が明快に論じているとおり、寄進とは「人物」を「仏物・神物」に変える法的な行為そのものであり、「仏物・神物」を発生させる重要な行為ということになる。

「仏陀法」と神仏興行

この「仏陀法」の発生についても、笠松は注目すべき発言をしている。中世の成立期からではなく、鎌倉時代の中期頃に生み出されたとして、いくつかの要因を指摘するが、要するに、この時期に寄進によって生み出された「仏物・神物」が不安定化してゆくこと、また寺社への所領寄進自体を制限する動きが出てくるがゆえに、それらへの対抗措置として成立する側面を持つ、というのである。

寄進により生み出されたものを取り戻す世俗界の動向が強まること、これは中世社会には、いわゆる「悔《く》い返《かえ》し」権として親権を中心として広汎に存在する。鎌倉時代の中期、これが親権の範囲を超え、ひろく展開するという。言うまでもなく、それは「徳政《とくせい》」の原理でもあった。しかし、これへの対抗という動向が、かえってこの「仏陀法」が生み出された要因であるというのである。さきにみた「寄せ沙汰」としての寄進の抑制ともあいまって、寄進という行為に反抗する大きな逆力学が働いていることを示すものである。

この寄進による「仏物・神物」の成立と、それに常に抵抗する動向の存在については重要な問題であり、のちにあらためて問題としたいが、ここでは、それでも地域には「仏陀法」に基づく寺社勢力がひろがりをみせることを確認したい。それは、ほぼ同じ時期におこるモンゴルの襲来をめぐる神領興行法の発布である。モンゴルの襲来を契機として、列島の主たる寺社に対して、公家・武家双方は異国降伏祈禱のための神領興行令を発布する。その刺激により、地域社会にも寺社の造営・再興ブームが到来した。

寺社の造営・再興には莫大な富が必要とされるが、その多くは勧進《かんじん》により確保された。勧進とは、寺僧が発願して、不特定多数の人びとを相手にひろく「浄財」を募り財を獲得する行為であり、寄進とならぶ寺社の維持のための必須となる行為である。

鎌倉中・末期には数多くの寺社が建立されたが、ここでは『峯相記《ぶしょうき》』にみえる文永年間（一二六四〜七五）の播磨国の「五ヶノ奇麗ノ念仏堂」を造営した「富貴ノ輩」を紹介しておくにとどめよう。彼らはまさしく富貴＝富を体現した有徳人であり、この時期すでにその力は地域の寺社の造営・維持に向けられていたのである。

民衆の願望と福徳思想

もともと顕密仏教は、民衆の願望に応えるさまざまな装置を備えていた。悪僧（破戒僧）は民衆の願望を組織して朝廷への強訴《ごうそ》に及んだし、また念仏による救いなど、簡単な方法での救済を意味する「易行《いぎょう》」もすでに備えていた。生業とも密着しており、五穀の豊穣を祈る祈禱や、正月に全国の寺社でほぼいっせいに執り行なわれる修正会《しゅしょうえ》（節会・行《おこない》）など節句の年中行事は、民衆の願望に応えるものとして深く社会に浸透していたとされる。

ただ顕密仏教は、一方で年貢を払わない農民を地獄に堕ちると脅かしたりするように、支配のための梃子でもあった。つまりは顕密体制には、人びとの生活に根ざして希望や願望を与える方向と、抑圧のシステムを作り出す方向とが不可分に混在していたのである（安丸良夫「黒田俊雄の中世宗教史研究」『戦後知の可能性』による）。

しかし日本仏教には、『法華《ほけ》経《きょう》薬草《やくそう》喩品《ゆほん》』に言う「現世《げんせ》安穏《あんのん》・後生《ごしょう》善処《ぜんしょ》」という思想が本来あった。これは宗教的な意味で現世の安穏を意味するものだったが、やがて南北朝期から室町時代になると、世俗の意味の強い現世安穏、つまり現世利益の志向が前面に押し出されてくるという（高木豊「日蓮の思想の継承と変容」『日蓮攷』による）。

その意味で、民衆の願望はとどまるところを知らないと言うべきで、顕密体制を超えて展開するものである。南北朝期以降、顕密仏教も変質してゆき、鎌倉新仏教とともに深く社会に浸透してゆく。筆者はそれを「戦国仏教」として把握しようと主張している（湯浅治久『戦国仏教』）。その是非はともかくも、その展開の要因として、こうした現世利益のいっそうの展開、つまり世俗化、という点を指摘して誤りはないだろう。

ところで、現世利益の大きな部分に、福徳の思想があることは言を要さない。さきに紹介した『信貴山縁起絵巻』の描く長者の世界を想起するまでもなく、長者すなわち有徳人の世界は、よりいっそう社会に浸透してゆく。それが寄進の盛行する大きな背景になるのである。これらを確認したうえで、次章以降では、さらに時代を追って、社会における寄進の持つ意味を論じてみることにしよう。

中世社会のひろがりと寄進

地域社会と寄進

分権的な中世社会

まず押さえておきたいことは、中世という時代が著しく分権的な社会である、ということである。鎌倉幕府の成立以来、武家が国家への関与を深めてはゆくが、しかし天皇・院を頂点とした公家政権はなくなるどころか、しっかりと国家の中枢を占めている。公武両権力のブロック政権が国家支配のあり方だった。また、寺社勢力も中央・地方に多数存在しており、独自の領主として君臨していた。

現地の荘園や公領にしても、武士である地頭《じとう》とともに、実務を担当する下司・田所《たどころ》・公文《くもん》といった荘官らも、それぞれ地頭と同様の実力を持ち、支配に関与している。検断《けんだん》（警察）・所務《しょむ》（年貢収納）などを通じて、彼らの実力こそ中世社会を維持するために不可欠なものであった。それらがそれぞれ上層部に縁を持ち、対峙していたのが中世という時代である。

南北朝時代から室町時代以降、武家の支配がますます強まり、守護・戦国大名が出現しても、地域社会には独自の秩序があった。それを象徴するのが「一揆《いっき》」という組織である。南北朝以降の社会は、あらゆる階層が「一揆」的な組織を持つ、社会に偏在する「一揆」がその特徴とされる（村井章介『分裂する王権と社会』による）。さきに紹介した「仏陀法」などの「大法《たいほう》」と呼ばれる慣習法の多くが、局地的な様相を帯びており、なかには「近所の儀」などとされる、独自の領域に通用するようなものもあった。

こうした分権的・地域的な権力の存在こそが、中世社会の特徴である。そしてそこに「寄進」が帯びる重要な役割が生まれる。この意味において、さまざまな局面で「権力の磁場」が発生する素地が存在する社会と言えるのである。

荘園の免田と寄進

寄進との関連で言えば、たとえば荘園の内部や国衙領《こくがりょう》には、免田《めんでん》と呼ばれる控除分（除田畠）が存在しており、年貢の賦課が免除され、地頭・下司などの荘官や細工《さいく》・道々《みちみち》の輩と呼ばれた手工業者、そして寺社に付与されていた。

とくに寺社は、一国や荘園内部の平和や安穏を祈る法会や祭礼を担っていたために、免田が設定されていた。これらの寺社には、免田を基礎に、寄進や売買により多くの土地・得分が集まってくる。そして寺社が地域社会の一つの核になってゆくのである。

この傾向は中世後期に入ると、よりいっそう進展してゆき、やがて寺社に関わる人びとの組織や結社を生み出し、そこに一つの「権力の磁場」が生まれる。この点は後述しよう。

ところで、これとは別に、荘園や国衙領の内部には、年貢以外の地主的な得分がひろく維持されていた。荘園領主やその係累に属する人びとは、これらを独自の田畠として集積するが、その場合にも寄進や買得という方法が用いられていた。

高野山の御影堂陀羅尼田

たとえば高野山金剛峯寺《こうやさんこんごうぶじ》（和歌山県伊都郡高野町）の御影堂陀羅尼田《みえいどうだらにでん》があげられる（『改訂　九度山町史　通史編』による）。金剛峯寺では、鎌倉時代から南北朝時代の後半にかけ、弘法大師空海《くうかい》の肖像（影像）を安置する御影堂に、陀羅尼田を寄進することが盛行した。陀羅尼田とは、御影堂で行なわれる、尊勝《そんしょう》陀羅尼を毎日二一遍読誦《どくじゅ》する法会である御影堂陀羅尼会の用途として寄進された田である。その内容は年貢ではなく、寄進者が確保していた地主としての得分である「加地《かじ》子《し》得分」であった。

寄進者の中核は金剛峯寺の衆徒《しゅと》で、その田はひろく寺の膝元の荘園に所属していた。寄進状は総計で一七三点を数え、文永《ぶんえい》・弘安《こうあん》年間（一二六四〜八八）に急増し、その後全盛期を迎える。この時期は、衆徒らが東寺《とうじ》長者《ちょうじゃ》などの介入を排除して、全体として寺院の支配体制を整備するために自立化する時期と重なっており、彼らの集団支配体制を後押しするものであった。陀羅尼田は、一反ずつ均等に分配され、尊勝陀羅尼の読誦のための経済基盤とすることで、衆徒は結束を図っていたのである。これも一つの「一揆」の姿であろう。

こうした寄進は、衆徒らにより意図的に推進された寄進行為だったが、陀羅尼田は、弘法大師の権威を背景にした特別な地である「大師《だいし》の地」として、悔い返し（いったん譲与した財産を取り戻すこと）が厳しく制限されていた。さきにみた「仏物」の一つの事例である。荘園領主の組織内部におけるこうした寄進が、宗教的な「仏物」のもと、衆徒らの集団的な集積運動として行なわれていた。これは、彼らの集団的な支配を支える寄進の一例である。

荘園鎮守への寄進

続けて、鎌倉時代から、地域の荘園の鎮守の寺社や地方権門寺社で寄進が行なわれるようになった様相をみてゆこう。

　まずは播磨国明石郡《あかしぐん》の太山寺《たいさんじ》（兵庫県神戸市西区伊谷川町）をとりあげてみよう（苅米一志『荘園社会における宗教構造』による）。太山寺（中世では「大山寺」）は、鎌倉時代より西園寺家《おんじけ》領伊川上荘の鎮守寺社であり、多くの古文書を残している。それらによると、保延《ほえん》三年（一一三七）の明石郷の七反を皮切りに、一五世紀後半の明応《めいおう》年間に至るまで約五〇件の寄進が行なわれている（『太山寺文書』）。とくに注目されるのは、領家・預所・地頭・名主ら荘園内の有力者からの寄進を受けていることである。

　寄進の目的は、「庄内興福万民快楽」といった定型句のほか、多様な階層のさまざまな所願に基づいたもので、そのため太山寺では各種の法会の盛行をみていた。

　つぎに遠江国引佐郡《いなさぐん》の大福寺《だいふくじ》（静岡県浜松市北市三ヶ日町）の場合をみておこう（朝比奈新「伊勢神宮領荘園における寄進行為の実態」『人民の歴史学』二一〇による）。大福寺は遠江の北部の浜名神戸《はまなかんべ》にある真言宗《しんごんしゅう》寺院であり、荘園領主伊勢神宮の祈禱所（寺）に位置づけられる寺院である。大福寺の創建は承元《じょうげん》元年（一二〇七）で、当初は伊勢神宮神官大《おお》中臣氏《なかとみし》の氏寺であった。それが一三世紀後半の弘安年間（一二七八～八八）に伊勢神宮のための祈禱を行なう祈禱寺に指定されると、建治《けんじ》三年（一二七七）以降、寄進が行なわれてゆく（『大福寺文書』）。

このうち鎌倉時代の寄進者のほとんどは、浜名神戸の神官大中臣姓の人物や、惣公文を名のる荘官層、または大福寺や近隣寺院の有力僧侶などであり、目的は「現世安穏・後生善処」といった個人的なものと、大般若経会《だいはんにやきようえ》や法華八講《ほっけはっこう》など法会のための用途負担の寄進が多い。この点、さきの太山寺の場合とほぼ同様である。また、寄進先に大福寺とその本尊である薬師如来《やくしにょらい》が目につくことに注目しておきたい。

つぎに地方の霊場といわれる寺院をみておこう。ここにも寄進の盛行がある。

霊場への寄進

摂津国の勝尾寺《かつおじ》（大阪府箕面市粟生間谷）の場合をみよう（『勝尾寺文書』）。勝尾寺は古代以来の山林修行の霊場として名高く、平安時代には『梁塵秘抄《りょうじんひしょう》』に「聖《ひじり》の住所はどこどこぞ、大峯葛城石《おおみねかづらき》の槌《つち》、箕面《みのお》よ勝尾《かつお》よ」と謳われた、山岳霊場の寺院である。弥勒《みろく》信仰を中心に、のちに浄土《じょうど》信仰により寺観が調えられていった。したがって勝尾寺には鎌倉時代当初から寄進を示す寄進状が多く所蔵されている。

勝尾寺は平安末期に一時衰退し、再建が始まった当初の文治《ぶんじ》年間（一一八五〜九〇）、経巻《きょうかん》や画像の寄進に始まり、その後、元久《げんきゅう》元年（一二〇四）の良縁《りょうえん》の二反の土地の寄進を皮切りに、多くの土地が寄進されている。鎌倉時代にもそれなりに寄進がみられたが、ピークは南北朝内乱から室町時代の前半である。目的も、個人の救済のほか、寺院の荒神《こうじん》供《ぐ》・初後夜勤行など法会の用途に宛てられたものが多いのも、荘園鎮守と同様である。

それとともに、勝尾寺で特徴的なのは、鎌倉時代より土地の買得を示す売券《ばいけん》の類が多く伝存していることである。この場合の売券は、直接寺が買得しているわけではない。土地を買得した者が勝尾寺へそれを寄進した結果、証文として伝来したものであるが、そのなかに、以下のような注目すべきものがある（『箕面市史 第一巻』による）。

仁治《にんじ》三年（一二四二）二月に、京都四条に住む妙仏《みょうぶつ》と西願《せいがん》という人物が連名で、寄進状と願文《がんもん》をさし出している。願文の内容は、自らが造立した「三尺泥仏阿弥陀三尊《あみださんぞん》形像」を勝尾寺へ奉納し、後生菩提《ぼだい》を祈願したものである。彼らが寄進した土地は、いくつもの荘園に散在する一町四反ほどの田地で、そのすべてを銭により買得していることが、ともに伝来した貞永《じょうえい》元年（一二三二）から仁治元年頃までの売券によりわかる。ここから、彼らは京四条 東洞院《ひがしのとういん》に住む有徳人《うとくにん》であり、金融業を営む京の借上か商人と推定されている。このほかに伝来した売券も、勝尾寺へ土地を寄進した寺僧らにより集積された土地の証文である場合が多いようである。

つまり勝尾寺は、間接的に、第三者を通じて買得された土地を集積し、寺領を形成していたのである。また、そこに俗人の有徳人が関与していることが注目される。こうした動向は南北朝期以降、さらに進展してゆくことになる。

寄進・売買・売寄進

以上、中世の地域社会での寄進の広がりと深まりを確認したが、ここで売買による土地などの集積と寄進の関係をみておくことにしよう。まず確認したいのは、寺院などの寄進を受ける側にとっては、買得による取得の方が寄進による取得よりも、より安定的な取得であったことである。

これは考えてみればあたりまえのことで、同じ取得地でも対価を払って得た方が、あくまで相手の好意による贈与《ぞうよ》・譲渡より、より安全な取得であったことは言を待たない。逆に言えば、寄進という行為には、寄進者の意図の大きさによる不安定さが常につきまとうことになる。寄進者が意志を変更して寄進契約を破棄し、土地が取り戻される危険性は常に存在していることになる。この危険性が、逆に「仏陀法」の成立を促したことはさきに指摘した。

中世には、さきにもふれた「悔い返し」という行為が存在した。相手の契約の不履行に対して、寄進の場合で言えば、寺社や神人《じにん》・僧侶が祈禱や法要を怠るなどすれば、この権利を主張し、寄進した檀那《だんな》側が契約破棄を迫ることは当然である。ましてや、中世の土地所有には「本主権《ほんしゅけん》」という独特の権利が付随していた。これは、土地がいったん自らの手を離れても、潜在的にその物権に対する権利が失われない、という法慣習に基づく。とすると、「悔い返し」の危険性は、買得された土地に対しても当てはまることになる。これは「徳政《とくせい》」の適用ということになる。対価を支払った買得が「徳政」にさらされる一方で、寄進にも「悔い返し」による契約破棄の危険性が存在していた。

こうした事情が、寺社への特殊な物権の譲渡方法を生み出す。それが「売寄進《うりきしん》」である。これは、実際には買得であるにもかかわらず、その物権に関して寄進状を作成するという方法である。これにより、寄進は買得地の隠れ蓑《かくれみの》となって「仏陀法」の恩恵を受けることで「徳政」の適用を免れ、また、実際には対価を支払うことにより、寄進主の「本主権」に対抗しうる強固な所有権を得ることになる。

こうした売寄進は、鎌倉幕府により徳政令が発布された、一三世紀末期以降にみられる現象である。しかし、こうした「徳政のがれ」に該当しないような売寄進もある。それらの実例ついては、のちに関説してゆくことにしよう。

有徳人の寄進

さて、いよいよ中世の地域社会を成り立たせている寄進の実態に迫ってゆくことにしたい。

地域の「なりたち」と有徳人の寄進

中世の地域社会で権力を行使する存在としては、有徳人と在地領主（武士）がいる。有徳人は、しばしばみてきたように、中世の町場や都市にあって富を集積し名望を持つが、武士身分ではないような人びとである。平安中期から、さまざまに社会の枠組みを担っていた存在で、僧侶や神人のように宗教的な身分を持つ者も多い。では、彼らが町場や地域の寺院へ、富である土地や物品を寄進することには、いかなる意味があるのだろうか。

まず鎌倉時代の有徳人からみてゆこう。安東蓮聖《あんどうれんしょう》という人物をとりあげる（『岸和田市史第二巻　古代・中世編』『泉州久米田寺《くめだでら》文書』などによる）。

得宗被官の安東蓮聖

安東蓮聖は鎌倉時代中期の著名な有徳人であり、かつ鎌倉幕府の執権《しっけん》で、得《とく》宗北条時頼《そうほうじょうときより》の有力被官《ひかん》である。彼が歴史の舞台に登場するのは、北条（金沢《かねざわ》）実時《さねとき》が、鎌倉《かまくら》へ招来した西大寺《さいだいじ》の叡尊《えいぞん》が大和に帰着した弘長《こうちょう》二年（一二六二）十一月のことである。時頼《ときより》の使者として、礼状と礼物を届けたのであった。

彼の活動で注目されるのは、文永八年（一二七一）に山門（延暦寺《えんりゃくじ》）の悪僧暹尋《せんじん》と結託し、近江国堅田《かただ》浦《のうら》（滋賀県大津市）で、越中国石黒荘山田郷《いしぐろのしょうやまだごう》（富山県砺波郡福光町）の年貢銭の運上《うんじょう》船を差し押さえた事件である（逢左文庫《ほうさぶんこ》蔵「斉民要術《せいみんようじゅつ》」紙背文書《しはいもんじょ》）。

そもそもこの事件は、仁和寺《にんなじ》菩提院の行遍《ぎょうへん》という者が、蓮聖の依頼を受けた山僧《さんそう》から一五〇貫の銭を借りながら死去してしまったことに始まる。安東蓮聖と山僧は、そのカタに年貢運上船を我が物としたのである。蓮聖は、山僧と結託して借上を営む高利貸しであったことになる。

もともとは、蓮聖は駿河国安東荘《あんどうのしょう》（静岡市）を本拠地とする一族と推測され、京の五条に屋敷を持ち、得宗領摂津国多田院《ただのいん》の造営奉行や、同国守護北条兼時《かねとき》（時頼の孫。伊具《いぐ》流《りゅう》）の守護代となる一方、摂津国だけでなく、豊後国（大分県）や肥後国（熊本県）の得宗領の所領経営も手がけている。まさに西日本各地を股に掛けて活躍する有徳人である。現代風に言えば、政府公認のもと多角経営を手がける企業家、といったところであろう。

安東蓮聖と和泉国久米田寺

安東蓮聖は建治三年（一二七七）に、和泉国久米田寺（大阪府岸和田市）の別当《べっとう》職を買得する。これは近世の編纂物『泉州久米多寺隆池院由緒覚』に収められた東大寺《とうだいじ》の僧実玄《じつげん》の譲状によりわかる事実だが、それによると、蓮聖は旧主北条時頼と父祖の菩提を弔うためにこの儀に及んだという。そして安東蓮聖、子の助泰《すけやす》、高泰《たかやす》へと三代にわたって、久米田寺周辺の山直郷《やまだいごう》下方・中村新荘・山直郷上方包近名・寺本散在諸郷などの所領を、つぎつぎと久米田寺に寄進している。

図４　安東蓮聖像（久米田寺所蔵）

久米田寺は、平安時代の末期に、和泉守で伊勢平氏の平信兼《たいらののぶかね》による免田の寄進によって成立した寺院だが、蓮聖は建治三年の時点で久米田寺の大檀那の地位を得たことになる。

そしてこれ以降、始められる久米田寺の「復興」に尽力することになる。

蓮聖は、弘安二年（一二七九）頃から久米田寺の整備に着手したと言われるが、その際に招いた住持（住職）は、南都《なんと》（奈良）の律僧顕尊《けんそん》であった。その後、顕尊は弘安六年に住持職を禅爾《ぜんに》に譲り、播磨国福泊《ふくどまり》（姫路市的形町）の築港事業に乗り出す。これはこの時期、瀬戸内海ルートの要衝《ようしょう》である明石魚住泊《あかしうおずみのとまり》や、さらに室泊《むろのとまり》・尼崎《あまがさき》・渡辺《わたなべ》といった津泊《つどまり》（湊）が、南都系律僧により整備されていったことの一環であると言われる。

興味深いことに、顕尊の後に、今度は蓮聖本人が福泊の修築を引き継いで行なう。播磨国を舞台とした仏教説話『峯相記《ぶしょうき》』には、乾元《けんげん》元年（一三〇二）から始まるその様が描かれている。それによると、この工事は、巨大な石を海中に積み上げて二町余り（約二二〇《メートル》）も沖へ築《つ》き出す人工島を構築し、防波堤にして内部に安全な停泊地を造るというものであった。蓮聖は数百貫の私財を投じてこれを完成させたという。

もちろんこれは単なる慈善事業ではない。その後、嘉暦《かりやく》三年（一三二八）に、蓮聖の子助泰が福泊の三年間の地子《じし》六〇貫文を久米田寺の一切経蔵《いっさいきょうぞう》の造営費としたことに示されるように、彼はこの事業の遂行により、福泊の地子の徴集権を獲得したからである。

こうして蓮聖の獲得した富は、確実に久米田寺の整備に投入されている。律僧による社会事業と連携し、有徳人安東蓮聖の富は、港湾や寺院の整備に投入されていったのである。弘安五年、落慶供養した久米田寺は相当な伽藍《がらん》を配し、後宇多《ごうだ》天皇の祈願所となった。寺辺は殺生禁断に指定された。経済的基盤についても、「僧俗五十余人ノ衣食ノ料」のための菜地が蓮聖により寄進され（『泉州久米多寺隆池院《りゅうちいん》由緒覚』）、また所領である但馬国二方荘（兵庫県美方郡）もこの後に寄進されていた。そして華厳宗《けごんしゅう》・律宗《りつしゅう》・真言宗の興隆のための学山（学問所《がくもんじょ》）としても面目を一新する。鎌倉末期から南北朝にかけ、一五ヵ国からの出身者二五人もの学僧が集う大寺院となったという。このことにより、久米田寺からは、当時著名な学僧である湛睿《たんえい》や盛誉《せいよ》などの英才が輩出することになる。

久米田寺の復興と行基信仰

ところで、こうした寺観の拡充を、なぜ「復興」と言うのだろうか。これ以前の久米田寺はそれほどの荒廃を蒙っていないにもかかわらず、である。この点は、古代の僧行基《ぎょうき》への信仰と関係がある。行基への信仰は、当時流行した文殊《もんじゅ》信仰と結合して高揚した。文殊信仰は、智恵・学問の信仰とともに、不孝者や貧民救済と言った利他行の信仰があり、この点で行基は文殊菩薩の化身として渇仰された。顕尊らにより、久米田寺が「行基菩薩建立の精舎」とされ、その「復興」が呼びかけられることは、民衆の幅広い支持を獲得して勧進《かんじん》活動を展開してゆくためのプロパガンダとして、是非とも必要なものだったのである。

安東氏一族と久米田寺

では、蓮聖をはじめとする安東一族にとって、久米田寺への寄進を含めたテコ入れには、いかなる意味があるのだろうか。もちろん主人や父祖の菩提を弔うための廟所《びょうしょ》であることは大前提であるが、やはりそこには、自らの富の再分配による地域の興隆、ひいては自己の所領のある地域社会の安定化をともなう「支配」の装置としての位置づけがあるものと考えられる。

正応《しょうおう》二年（一二八九）の年次をもつ「沙門禅爾勧進帳《しゃもんぜんにかんじんちょう》」が久米田寺に残されているが、これは「復興」直後の久米田池の堤防修造のための勧進を行なった際のものである。久米田池は久米田寺の眼前に展開する池だが、寺領には含まれておらず、そのメンテナンスは本来、国衙が行なうべきものだった。そのため、この池の修築は、同時期に久米田寺が手に入れた加守郷《かもりごう》の荒野開発のためのものであったと『岸和田市史』は推測している。おそらくそうであろう。しかし「沙門禅爾勧進帳」が、「池水早や溢れ、数村の人屋・国田悉《ことごと》く損じ、この時に当たり、懇篤《こんとく》の誠を励まさずして、いかでか修営の巧を致さん哉」とするこの堤防修築が、周辺の地域社会の安寧に不可欠であることも事実である。

十方檀那（あちこちの檀那）の助成により、堤防は六万本の卒塔婆《そとば》により築かれたという。行基信仰とあいまって「興隆」した久米田寺の活動がそこに有効に機能したことは、地域社会にとり重要なことであったにちがいない。

また安東氏一族は、久米田寺から銭を借用していた。くだって応永《おうえい》二年（一三九五）、安東重泰《しげやす》は軽部郷《かるべごう》を質物として、久米田寺から五〇貫文の銭を借用している（『泉州久米多寺隆池院由緒覚』所収の文書による）。これなどは、寺院が銭を貸し付ける機能を持っていることを示す。安東氏一族の保護は、こうした寺院の機能、いわば貸付銀行（メインバンク）のような機能を期待してのものであった。ここに一種の互酬的な関係をみることができる。

武蔵国六浦湊の六浦妙法

安東蓮聖の例は畿内の和泉国の例だが、つぎに鎌倉末期から室町期にかけての東国の例をみてゆこう。武蔵国六浦荘《むつらのしょう》（湊）と同じ国の品川湊《しながわみなと》である。いずれも東京湾岸に面した東国屈指の湊として著名なところである。

六浦には南北朝期に、六浦妙法《むつらみょうほう》という有徳人がいる。彼はまず有力な法華宗《ほっけしゅう》（日蓮宗《にちれんしゅう》）門徒として歴史上にあらわれる（『中山法華経寺文書《なかやまほけきょうじもんじょ》』）による。その門流は下総国

（千葉県北部・茨城県西部）の中山法華経寺の門流（流派）である。妙法は荒井《あらい》（浜の地名）を名のるが、武士身分の者ではない。六浦の「問《とい》」（港湾業者）である。当時は武蔵今津《いまづ》（東京都台東区今戸）、上総古戸《ふんと》（千葉県富津市）などの東京湾岸の要港には「問」がおり、年貢を鎌倉に送付していた（『金沢称名寺文書《かねざわしょうみょうじもんじょ》』による）。

妙法は六浦に「坊《ぼう》」を構え、法華信仰に関わる聖教《しょうぎょう》（経典）などを保管していた。だいたい建武《けんむ》年間から康永《こうえい》年間（一三三四〜四五）に至る時代である。法華経寺《ほけきょうじ》に伝わる「一期所修善根記録《いちごしょしゅうぜんこんきろく》」「本尊聖教録《ほんぞんしょうぎょうろく》」などの記録によれば、妙法とその一族とみられる人びとが、法華経寺の第三代貫首《かんじゅ》（責任者）日祐《にちゆう》に対し、仏像や関連する堂舎の建立への助援、本尊や経典書写の料紙の寄進などをひろく行なっている。

応安《おうあん》三年（一三七〇）には、六浦で日祐を導師として、漆塗りで文字に金箔を施した豪華な板曼荼羅《いたまんだら》本尊が建立される。そこには多くの六浦湊の住人らの名が連ねられている。これも六浦妙法の財力によるものであろう。やがて同六年、六浦坊は上行寺《じょうぎょうじ》という寺院として史料に確認でき、日蓮宗中山門流が六浦湊に本格的に教線を伸ばしてきたことがここに確認できることになるが、それは六浦妙法の帰依があってこそのものであったのである。

六浦瀬戸橋と妙法

六浦は北条氏の一族である金沢実時を開基とする称名寺が所在するところであり、極楽寺《ごくらくじ》を中心とする鎌倉の真言律宗《しんごんりつしゅう》が基盤を形成していたところでもあった。六浦には「瀬戸内海《せとのうちうみ》」という内湾が深く湾入しており、当初、鎌倉から称名寺へ行く際は山側を迂回しなければならなかった。金沢貞顕《さだあき》はこれを憂い、嘉元《かげん》三年（一三〇五）、「瀬戸内海」の入り口（瀬戸《せと》）に橋を架けた。しかしこの瀬戸橋は朽損《きゅうそん》して建て替えが必要となった。文和《ぶんな》二年（一三五三）に、その資財を寄進したのも妙法その人であった。

この事実は、称名寺の関連する聖教の分析からわかったことで（西岡芳文「六浦瀬戸橋をめぐる二、三の問題」『六浦文化研究』三による）、このことから、妙法は法華門徒のみならず、称名寺にも結縁するような多様な信仰を持っていたことが明らかとなった。橋の築造やメンテナンスは、公共性が高い事業であり、中世では勧進聖《かんじんひじり》や禅律僧《ぜんりつそう》が中心となり行なわれていた。有徳人がこれに関与することは、彼の名望を考えると理解しやすく、多様な信仰の保持もそのためだったのであろう。

有徳人は領主ではないので、土地の寄進は容易にはなしえないが、妙法とその一族は、資財や物品などを寺院や僧侶に数多く提供している。六浦には鎌倉から南北朝期に、妙法だけでなく、有徳の「入道」が複数存在していた。やはり称名寺の関連史料からわかる事実である。その名は「中江《なかえ》入道」と「ミナト入道」という。中江入道は、六浦の釜利谷《かまりや》の住人で、鎌倉に屋敷も所持し、また下総国の下河辺荘《しもこうべのしょう》を中心に荘園の代官職を請け負うような有徳人で、かつ禅宗《ぜんしゅう》の信仰も持っていた。また、ミナト入道は六浦の瀬ケ崎《せがさき》（ミナト＝湊）に住む大変な有徳人で、称名寺らの僧侶たちに多額の銭を寄進していたという。

武蔵国品川湊の鈴木道胤

つぎに室町時代の東国の代表的な有徳人として、品川湊の鈴木道胤《すずきどういん》をとりあげよう。品川湊（東京都品川区）は、六浦湊にとってかわり、室町時代の東国で屈指の賑わいをみせた港湾である。

それは、一四世紀後半に品川湊への入港税にあたる「帆別銭《ほべっせん》」により、円覚寺《えんがくじ》や称名寺の堂舎造営がなされていることから想定することができる。荏原郡《えばらぐん》の目黒川《めぐろがわ》河口の砂州に形成された湊には、東海道が走り、かつ中世の所伝を持つ多様な宗派の多数の寺院が今も軒を連ねている。品川は、東京都内でも有数の寺院が集中する地域である。中世以来の寺院の密集は、中世の都市（町場）の一つの条件であった。

その代表的な寺院が天妙国寺《てんみょうこくじ》（別称妙国寺。品川区南品川）という日蓮宗寺院である。寺蔵の古文書が三十数点もあり、東国の湊としては史料状況が比較的恵まれている（『妙国寺文書』)。そこから寺院の発展と品川湊の様相がうかがえる。それらによると、妙国寺は永享《えいきょう》六年(一四三四)には存在していることを史料から確かめることができるが、寺の縁起によればその建立はさらに遡り、鎌倉時代の弘安八年(一二八五)に、日蓮の直弟子天目《てんもく》により建立されたと言う。

図5　天妙国寺(東京都品川区，品川区立品川歴史館提供)

さらに『新編武蔵国風土記稿《しんぺんむさしのくにふどきこう》』の記すところもあわせると、文安《ぶんあん》年間(一四四四〜四九)以降、紀州熊野《くまの》出身の鈴木道胤(道印)と鈴木光純《こうじゅん》らが、「七《しち》堂伽藍《どうがらん》」を建立したとされている。とくに道胤が建立した妙国寺の五重塔は、中世品川湊のシンボル的存在であったという。また妙国寺の寛永《かんえい》十八年(一六四一)の梵鐘の銘文によれば、道胤は文安三年(一四四六)に、この鐘の前身である梵鐘を寄進したことが記されている。六浦妙法と同様、堂舎建立と梵鐘の寄進に、鈴木道胤の有徳人ぶりがあらわれている。

図6　妙国寺絵図（部分，天妙国寺所蔵，品川区立品川歴史館寄託）
近世の絵図に描かれた五重塔．絵図には「大猷院殿」（徳川家光）の建立と記されている．

鎌倉府の蔵役と鈴木道胤

鈴木道胤は熊野の出身で、室町時代の品川には熊野堂があり、熊野《くまの》の檀那が存在していた。日蓮宗の僧侶日親《にっしん》の筆になる「伝灯鈔《でんとうしょう》」によれば、道胤は京都の妙満寺《みょうまんじ》や鎌倉の宝戒寺《ほうかいじ》など、宗派の異なる複数の寺院に多額の金品の寄進を行なっている。また伊勢や熊野に参詣し、伊勢にも灯明料一〇貫文を毎年寄進する。彼を東国と京畿を股にかけた商人であるとする由縁である。その富の一端が品川に環流していたことは間違いない。その富に目を付けたのが、室町時代の東国の主

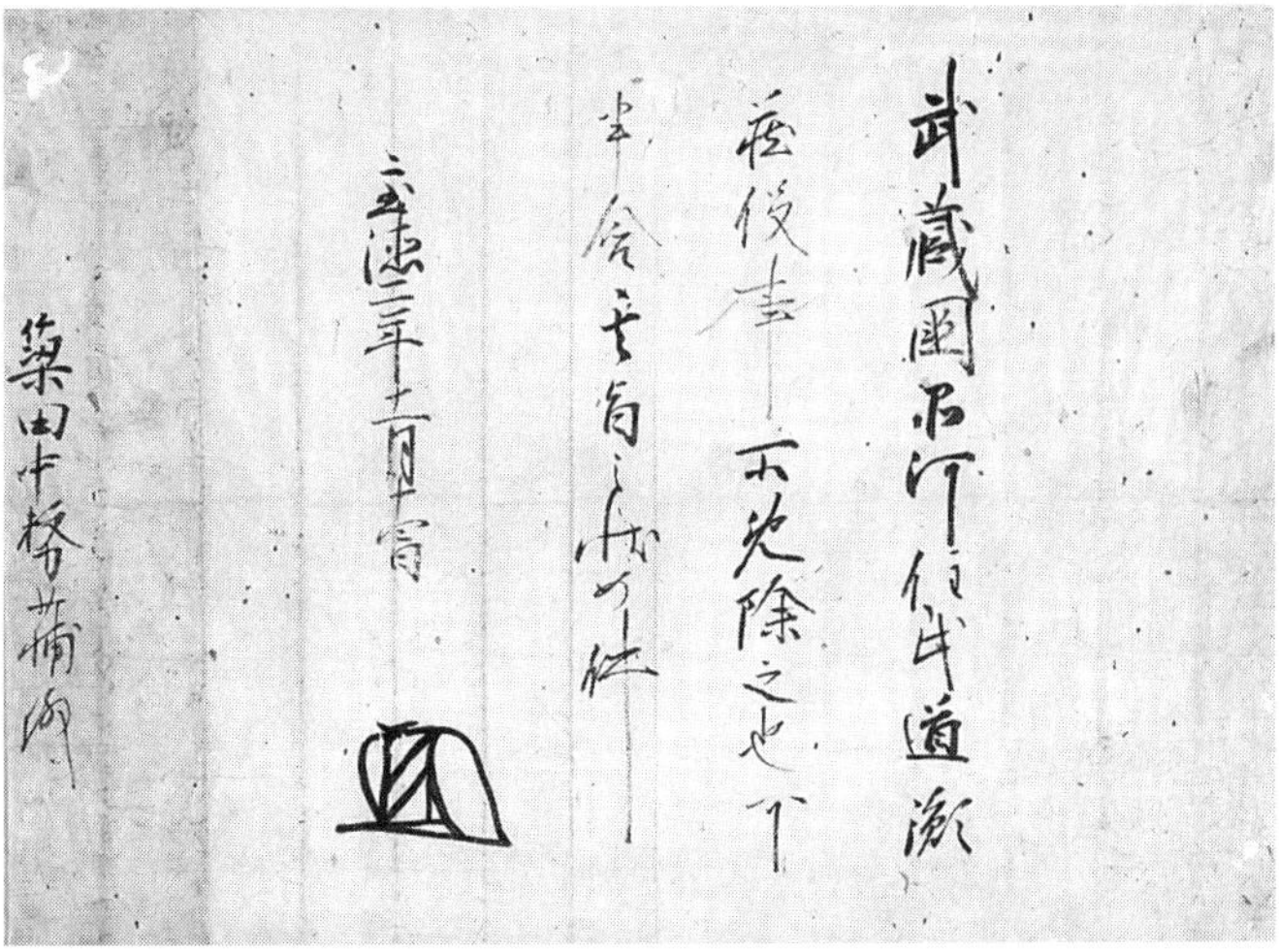

図7　足利成氏御教書（『妙国寺文書』天妙国寺所蔵，品川区立品川歴史館寄託）

である鎌倉公方《かまくらくぼう》である。鎌倉公方とは、室町幕府が関東を統治するために設置した鎌倉府の長官で、室町将軍の一族の足利《あしかが》氏《し》が代々任じられた。

宝徳《ほうとく》二年（一四五〇）、鎌倉公方足《あし》利成氏《かがしげうじ》は、「品河住民道胤」の蔵役を免除するかわりに、三年後の享徳《きょうとく》二年（一四五三）、妙国寺を祈願所としている（『妙国寺文書』）。蔵役とは鎌倉府が賦課する都市税であり、鈴木道胤がまさに品川に蔵を有する商人であることを意味している。その賦課を免除し、妙国寺を祈願所に指定することは、祈禱と蔵役が二者択一の選択肢であることを示す。祈禱が解除されれば、道胤はおそらく莫大な蔵役を鎌倉府に納めねばならないはずであり、祈禱はその分、贅を尽くした壮大なものだったはずである。

いずれにせよ、品川湊における道胤の富は、寺院を介した形で地域に還元される一方で、公方という政治勢力の把握するところとなった。そしてこのことを示す文書が妙国寺に残されていること自体、道胤が当時の妙国寺にとって大檀那であったことを示している（湯浅治久『戦国仏教』）。

土地の寄進と有徳人

しかしここで興味深いのは、妙国寺が所蔵する数十点の文書には、道胤による土地の寄進状などがみられないことである。同様に、六浦妙法も土地の寄進が確認できない。これをどう考えるかだが、おそらく港湾も領主による土地の管理が徹底しており、有徳人による取得は、そうやすやすとはできなかったのであろう。

六浦では明らかにできないが、品川では、永享八年から同十一年にかけて妙国寺に南品川郷の土地を寄進しているのは、その名乗りや官途《かんと》（官職・地位）からして領主クラスと推定される人びとであった（『妙国寺文書』）。有徳人の財力は港湾にとり必要不可欠なものだったことは確かだが、領主支配に参入して土地を取得したり寄進したりすることは、なかなか難しかったのであろう。

有徳人と立身出世

実際のところ、中世の土地（所領）には本来の領主がいる。または寺院自身が領主であったりする。六浦は鎌倉幕府の直轄領であり、続いて南北朝期には足利氏が支配していた。品川も上杉氏や鎌倉公方の支配下にあったと考えられる。有徳人は、これらの湊を活動拠点として寺社に関与し、やがて寺社は都市民に檀那を獲得してゆくのである。そこで領主は有徳人の活動を公式にみとめ、場合によりその支配に取り込むことになる。これは別の見方をすれば、有徳人の立身出世を意味している。

こうした有徳人の立身の意義については、室町時代に成立した御伽草子《おとぎぞうし》にしばしばあらわれる。ここでは『文正草紙《ぶんしようそうし》』を参照しておこう。『文正草紙』は、常陸国の鹿島神宮《かしまじんぐう》（茨城県鹿島市）の大宮司《だいぐうじ》に仕える雑色《ぞうしき》である文太の出世譚である。文太は「下ろう」（下臈）だが、正直で大宮司によく仕える雑色であった。彼は鹿島社領の塩焼（塩生産）で富をなし、「有徳人」、さらには「長者」となり、名を文正常岡とあらためる。

じつは文太の主《あるじ》の大宮司も元来の長者である。文太はわけあって大宮司からいったんは放擲《ほうてき》されるが、長者となって大宮司と再び昵懇《じっこん》となる。そしてさらにその富を弥栄《いやさか》にすべく、鹿島大明神の加護を受け美しい姫をもうける。やがてその姫は関白の若君の女御《にょうご》となり、一家はますます繁栄する。文太の有徳は決して個人にとどまることなく、さまざまな縁により立身を求めるのである。

有徳人にとっては、裸の実力（権力）のままがよいのではなく、既成の権威や秩序へ参入し、そのことにより身分や名望を確保することが求められていたことになる。この点、地域における既成の秩序の頂点にある武士との関わりを考える際の重要な導線となってくる。そこでつぎに武士についてみてゆこう。

武士（在地領主）の寄進

武士が領主となるために

鎌倉時代の武士の氏寺でも、多くの寄進が行なわれていた。ここでは武士の寄進についてみてゆこう。武士（在地領主）も中世社会の隅々に至るまで存在しており、荘園の荘官・地頭から巨大御家人まで枚挙に遑《いとま》がない。彼らが生産や流通に深く関与しており、富を集積（収奪）する存在であることも、近年の研究から明らかである。

ここでは、彼らが集積した所領からの「富の再分配」としての寄進に視点を定めたい。自らの富で寺院を建立し、そのことで地域を支え、社会を再生産する機能を担っていたのである。それには有徳人の持つ同様な機能を積極的に編成し、活用する方法と、自らが寄進の主体となる方法の二通りがあった。そこに成り立つ「権力」の姿を浮き彫りにしてみよう。

上野国世良田宿の長楽寺

まず鎌倉時代の例として、東国の上野国新田荘《にったのしょう》世良田《せらだ》長楽寺《ちょうらくじ》（群馬県太田市世良田町）をとりあげよう（おもに山本隆志『東国における武士勢力の成立と展開』、田中大喜『中世武士団構造の研究』らによる）。

長楽寺は栄西《えいさい》の弟子栄朝《えいちょう》を開山として承久《じょうきゅう》三年（一二二一）、新田氏一族の世良田義季《よしすえ》により創建された寺院である。栄朝は天台聖の系譜を引く勧進僧で、師の栄西同様、諸宗兼学の学僧であり、かつ開発の技術を持った僧侶だった。新田荘は義国《よしくに》流源氏である新田氏の本貫地《ほんがんち》だが、荘内とその周辺に多くの同族を輩出し一族が盤踞していた。その一人である義季とその子孫たちは、新田荘の初期の一九郷の一つ世良田郷を本拠地とした。そして長楽寺を開発の推進基地としてここを開発し、世良田氏を称した。

世良田氏の本拠である世良田郷には、一三世紀後半の弘安年間（一二七八～八八）までに世良田宿という宿が成立する。おそらくは長楽寺の技術的な支援により世良田氏が建設した宿と思われるが、いくつもの街道が集中する上野国きっての交通・流通の要衝であった。そしてこの頃には、長楽寺は世良田宿の宿在家《しゅくざいけ》（宿の住民の家屋）から地子銭《じしせん》を徴収する権利を有し、世良田宿は長楽寺の門前宿となっていた模様である。

新田荘は言うまでもなく、有力な源氏の棟梁《とうりよう》新田義貞《よしさだ》の本拠地でもあるが、義貞が倒幕のため挙兵する顚末を描く『太平記《たいへいき》』巻一〇に、興味深い記事がある。反北条勢力を鎮圧する幕府軍の兵糧を確保するため、世良田に使いを派遣した北条高時《たかとき》は、世良田について「有徳ノ者多シトシテ」「六万貫ヲ五日中ニ沙汰スベシ」としている。彼ら有徳人に対する高時の苛斂誅求《かれんちゆうきゆう》に激怒して義貞は挙兵する。ここからは、世良田宿が経済的に発展し、多数の有徳人を輩出していた様相をうかがうことができる。

図8　長楽寺（群馬県太田市）

新田氏一族らの寄進

世良田宿のこうした性格により、この地は新田氏一族や周辺の武士たちにとっても重要な地となっていた。そのことを示すのが、長楽寺へあてられた多くの寄進状である（『長楽寺文書』）。長楽寺には鎌倉期を中心にして一二〇点を超える多くの古文書が集積されており、それらの分析から、複数の武士たちの寄進・売買などがうかがえる。

それらを列挙してみると、まず世良田義季・頼氏《よりうじ》ら世良田氏、同じく鳥山氏《とりやまし》一族らといった新田氏一族が寄進している。一族以外には中条時家《ちゅうじょうときいえ》・金津輔村《かなつすけむら》・岡部三郎《おかべさぶろう》らがいる。彼らはその名字や寄進地の分布から、新田荘内だけでなく、東上野・北武蔵の武士たちである。世良田氏の寄進が目立つのは、長楽寺が世良田氏の氏寺だからであろうが、それ以外の武士の寄進が一三世紀後半から一四世紀にかけて多くなる事実がある。

そこであらためて長楽寺に寄進した武士を列挙すれば、新田朝兼《ともかね》・義貞の本宗家をはじめ、世良田氏のほか、岩松氏《いわまつし》・村田氏《むらたし》・田島氏《たじまし》・鳥山諸氏らの一族がいる。また一族以外では佐貫氏《さぬきし》・梅原氏《うめはらし》・中条氏・那波氏《なわし》・三善氏《みよしし》・高山氏《たかやまし》の諸氏がいる。

本宗新田氏の寄進は、世良田宿を間接的に掌握しようとする意図から出たものであるが、他の武士たちも、各所領との交通上の結びつきもあいまって、世良田宿を自らの日常的な活動の場にするための行為だった。寺院への帰依や信仰の表出ももちろんあるが、長楽寺への寄進は、世良田宿とその場の中心である長楽寺への積極的な関与を意味するものだったのである。

寄進された土地とは、荘園や郷村、その耕地・在家などであるが、そこにおける土地や領主権をすべて寄進してしまうのではなく、寄進の対象は、年貢分や余剰分などの得分である。つまり武士たちは領主であることをやめるわけではない。信仰とともに長楽寺にもたらされた富（得分）は、寺院と宿に投下され、武士たちの「公共的な場」の維持に活用された。これは、領主による町場の新興政策（「町場《まちば》興行《こうぎょう》」という）である。それが単独の武士（領主）によって行なわれるのではなく、地域の多数の武士により担われたことが重要であり、そのための寄進であった。

長楽寺の復興と有徳人大谷道海

ところで、長楽寺は正和《しょうわ》二年（一三一三）頃に焼失したと推定され、その再建をめぐっての寄進も相当数あった。その際に独自に活躍をした人物がいる。大谷道海《おおやどうかい》という人物で、世良田宿の有徳人の統率者、すなわち宿の長者であったとされる。大谷道海による長楽寺再建のための土地の買得や寄進（さきに紹介した売寄進という形態）は、有徳人の寄進と武士たちの寄進との関連を考えるうえでも興味深く、少しくわしく紹介したい。

大谷道海の史料上の初見は、元亨《げんこう》三年（一三二三）十一月に新田荘小角村の畠一町八反を長楽寺に寄進する寄進状だが、この年の十月、同じ土地を世良田満義《みつよし》が寄進している。道海は長楽寺に、世良田満義の寄進状を副《そ》えて渡していることから、実際は道海が満義から買得したものであり、この寄進は、第三者から土地を買って道海自身が寄進する、いわゆる「売寄進」であることがわかる。道海は、自らの財力により土地を取得し、長楽寺に寄進することにより寺の復興に尽力していることになる。また、道海には二人の娘がいる。それぞれ由良《ゆら》氏と小此木《おこのぎ》氏という御家人に嫁いでおり、彼女らも道海とは別に、あい前後して新田氏らの近隣の武士から土地を買っている。後述するが、これも道海の指示による寺院復興のための方策であった。

道海はその後、嘉暦三年（一三二八）にも那波氏・世良田氏から土地を買い、長楽寺に寄進しているが、この場合にも「売寄進」の形式をとっている。また元徳《げんとく》二年（一三三〇）にも世良田満義から買った土地を寄進しているが、これも同じ「売寄進」だった。

ここで、道海一族の売寄進の意義を、武士たちの立場も考慮して考えてみよう。

大谷道海一族による売寄進

まず道海は、世良田満義から多くの土地を買い、寄進している。世良田氏は世良田郷（宿）の領主であるから、長楽寺の復興を願う気持ちは当然強いが、ではなぜ道海に土地を売却する形にしたのかが問題となる。また、娘である由良氏の妻は正和三・四年に新田氏から土地を買い、さらに文保《ぶんぽう》二年（一三一八）にも、新田義貞から土地

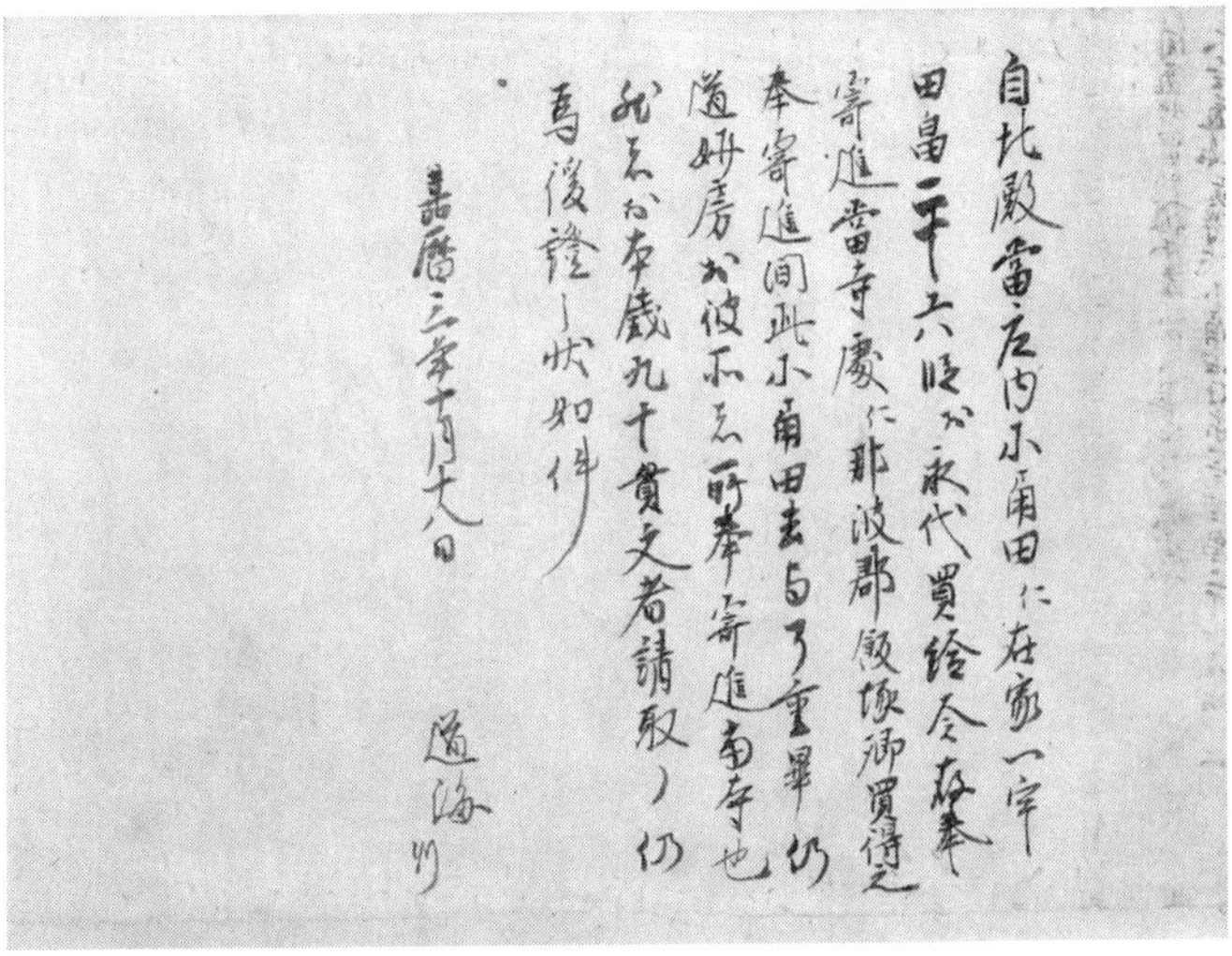

図９　大谷道海寄進状案（『長楽寺文書』長楽寺所蔵）

を買い得している。これらの土地を含んだ由良氏の妻の土地は、嘉暦三年の段階で、あらためて道海から長楽寺へ一括寄進されている。

さらに由良氏の妻は、元徳四年にも別の土地を長楽寺に寄進しているが、この二件の寄進状からは、由良氏妻の買い得が、もともと道海の「寄進の志」から出たものであること、復興が道海の大願であったことがわかる。また小此木氏の妻も、元亨四年と嘉暦三年に新田義貞らから土地を買っているが、これらを嘉暦の段階で、病気を理由に寄進している。

こうしてみると、道海と娘二人にとって、嘉暦三年の寄進が大きな意味をしめている。土地を売って提供しているのが、おもに世良田氏・新田氏という大檀那であることが特色として指摘できる。道海一族は、その有徳ぶりを象徴するように、一度の買い得に七〇〜一〇〇貫といった多額の銭を用いて土地を取得する。武士たちには、銭を得ると同時に寄進という行為を行なうことができるメリットがある。しかも土地に関する支配権を完全に手放すわけではないという、有利な条件であることも重要であろう。

では、なぜ道海自身が直接土地や銭を寄進しないのか。これは解釈が難しい。考えられるのは、有徳人は単独で土地を取得して寄進する、ということがなかなかできなかったのではないか、というさきの推測である（「有徳人の寄進」の節を参照）。

有力武士に銭を提供し土地を取得し、それをその武士と、ある意味で共同で寄進することにより、はじめて道海の寄進は盤石なものとなるのではないだろうか。一方、武士はその土地の支配権を保持したまま、銭の取得と寄進行為による寺院への貢献もできる。この意味において、両者にいわばウィン・ウィンの関係が成立するのではないだろうか。ここから、有徳人と武士の共存が、寺院への寄進という行為を通じて計られていることがわかると言えよう。

長楽寺の政所職への就任

道海の寄進の意味はこれだけにとどまらない。さきの嘉暦年間（一三二六〜二九）という時代は、長楽寺にとっても一つの画期であった。嘉暦二年十一月に長楽寺第一〇世住持牧翁了一《ぼくおうりょういつ》が死去し、翌三年に第一一代の恵崇仏頂が入寺している。この年に寄進が集中するのは偶然ではなかろう。恵崇仏頂と道海の間に親密な関係が予想される。

同年、恵崇仏頂は、道海が長楽寺の寺領内に持っていた屋敷や資財物を安堵している。屋敷はすでに宛《あ》て行《が》われていたもので、他の資財物は動産であり、有徳人である道海の富や財のあり方を示しており興味深いが、翌四年にはさらに政所職とその付随する在家が安堵されている。道海はこの時点で、長楽寺政所《まんどころ》という支配機構に位置づけられた。有徳人大谷道海は、寺院において立身したのであり、寄進による復興事業への寄与が評価され、寺の組織に参入を果たしたのである。

この道海の政所職を、山本隆志は、新田荘の近隣の淵名荘《ふちなのしょう》の政所であった黒沼太郎入道《くろぬまたろうにゅうどう》の権益（屋敷＝庵室所）を継承したものではないかと推測している（前掲『東国における武士勢力の成立と展開』）。淵名荘は、北条得宗権力と深い関係があり、黒沼氏も得宗被官であった。この指摘によれば、大谷道海も得宗に連なる風貌を持っていたことになろう。

まさに彼は寺院を介して権力者と結びつき、また近隣の武士・御家人らとも関係を築き、活動していたのである。

室町時代の嘉吉《かきつ》三年（一四四三）、安芸国の有力武士の竹原小早川陽満（実名弘景）が、置文《おきぶみ》（制法）を認《したた》めている。そのうちの一条をみると、「領内の徳人《（有徳人）》どもは、よくよく扶持してけしてないがしろにしてはならない。非常に役にたつからだ（意訳）」と述べている（『小早川家文書』）。この内容は、まさに大谷道海の活躍が彷彿とされるような文言である。

尾張国妙興寺と荒尾氏

つぎに時代を南北朝時代に進めて、この時代の武士と寄進の関係を探るため、尾張国の妙興寺《みょうこうじ》（愛知県一宮市）と荒尾氏《あらおし》の場合をみよう（上村喜久子『尾張の荘園・国衙領と熱田社』、『愛知県史通史編二』による）。南北朝内乱は、鎌倉までの武士の基盤を大きく変化させる。戦乱のなかにあって、武士の寄進とはいかなる意味を持つものだろうか。

荒尾氏は、尾張国の鎌倉幕府御家人の系譜をひく有力武士である。本貫地は同国智多郡《ちたぐん》荒尾郷（東海市）だが、国府のある中嶋郡《なかしまぐん》にもいくつもの所領を持っており、その多くは国衙領（公領）の地頭職などである。荒尾氏が中嶋郡に所領を持つのは、足利氏に従って勲功をあげ獲得したものと推測されている。その中嶋郡での莫大な寄進が妙興寺へ行なわれている。

妙興寺は、中嶋氏出身の滅宗宗興《めつじゅうそうこう》が建立した禅宗寺院で、貞和《じょうわ》四年（一三四八）に作事（工事）が始められた。のちに室町幕府の祈願寺となり、諸山に列せられる有力寺院である。

荒尾宗顕《むねあき》は、同二年にすでに三町の畠地を寄進しており、これを皮切りに厖大な土地を寄進することになる（『妙興寺文書』）。荒尾氏のほかにも、有力在庁官人である中嶋氏も、妙興寺へ厖大な寄進を行なっており、その他、戦国期に至っても周辺の有力者から寄進が絶えない。しかし荒尾氏の寄進はほぼ一四世紀いっぱいで終息してしまう。それゆえに、南北朝内乱期に集中する寄進の意味が問われることになる。

荒尾氏の寄進

妙興寺の寺領は一四世紀末までに三五〇町余にまでなるが、そのうち荒尾氏の寄進によるものは、妙興寺を取り囲むように、日光川《にっこうがわ》と三宅川《みやけがわ》の旧河道に沿って二〇〇町以上にのぼり、荒尾氏の寄進田は妙興寺領の中核に位置する。

荒尾氏より寄せられた寄進状をみると、厳密には寄進ではなく、売券をともなうものがあり、ここでも新田氏一族と同様、「売寄進」の形式をとる。それは通説のように徳政や

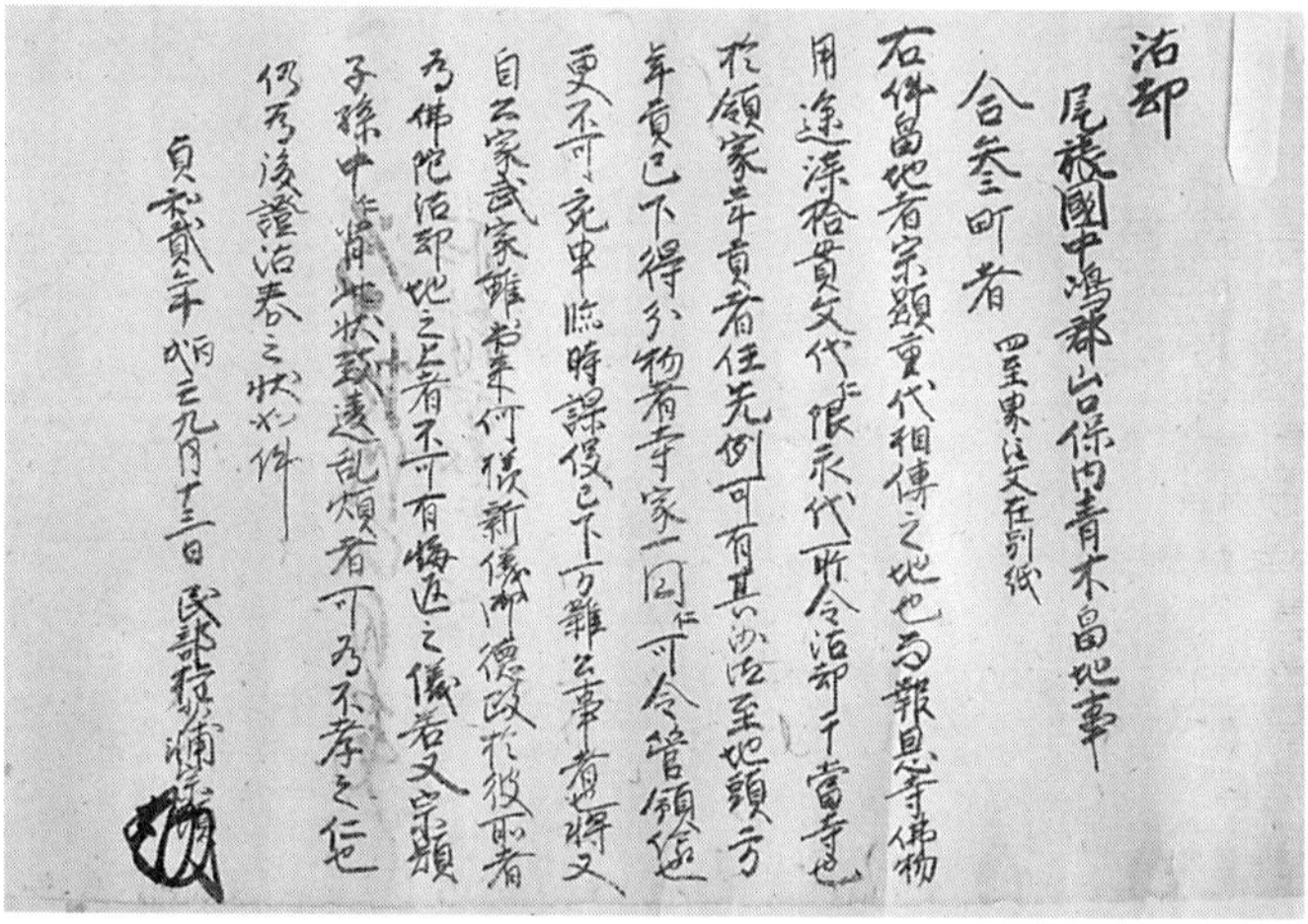

図10　荒尾宗顕売券（妙興寺所蔵，一宮市博物館提供）

本主の取り戻しを防止する意味もあるが、なにより妙興寺が対価を払うことで寄進された土地を確実なものとする意図があると考えることができる。

対価は、一件で七〇～一〇〇貫にもおよぶ場合もある。この場合、大谷道海のような有徳人の仲介はなく、妙興寺側の豊富な財力がきわだっている。幕府祈願寺の勢力の大きさを象徴する事実である。

荒尾氏が寄進した土地は、さきにふれたように国衙領で、荒尾氏の領主権が設定された土地だが、それは譲渡されず、妙興寺に寄進されたものは、ほとんどが得分の取得権であった。荒尾氏が寄進した土地の多くには、「臨時課役《かやく》以下万雑公事《まんぞうくじ》を宛《あ》て申すべからず」とあり、妙興寺の寄進地には、今後荒尾氏は課役をかけないことが約されていることは重要である。

この課役とは、定額の年貢以外のさまざまな役のことであるが、そのなかには室町幕府や守護からのものも含まれている。つまり妙興寺の寄進地には、上級領主の賦課が免除されるという大きな特権が付与されている。おそらくこの点が、妙興寺が対価を払って実質的に獲得した特権であり、寄進地の安定化、という場合の中身であろう。

この寄進により、荒尾氏は多額の銭を獲得し、かつ領主権を温存することができ、妙興寺の側は寺領を免租地として安定化させることができた。この点、さきの上野国長楽寺と新田氏一族の場合と類似した、相互依存の関係であると言えるだろう。

守護への対抗のための寄進

南北朝期に集中する荒尾氏の寄進には、さらに大きな理由があった。それは守護土岐《とき》氏からの自立である。荒尾氏や中嶋氏は、この時点で守護の被官となっておらず、土岐氏にとっては対立的な存在だった。そこで荒尾氏らは、室町幕府の手厚い保護を受けていた禅宗寺院妙興寺に土地を寄進し、土岐氏の侵略を阻止することを意図した。通常、守護はその国の国衙領（公領）を自らのものとすることで勢力をひろげるが、荒尾氏はその動向を阻むために、妙興寺へ寄進したのである。

土岐氏以降の守護である今川《いまがわ》・畠山《はたけやま》・斯波《しば》氏らの代となると、国衙領は侵略を受け、荒尾氏らの勢力は削がれていく。しかし荒尾氏は彼らの被官とはならず、最終的には幕府の直属家臣である奉公衆に編成される。つまり南北朝期に集中する荒尾氏の寄進とは、基本的にはきわめて政治的・戦略的なものであったのである。それは自らの存立をかけた行為であり、寄進本来の意味の一つである預託・寄せ沙汰《よざた》の機能をそこにみることも可能である。それゆえか、荒尾氏の寄進にはほとんど宗教的な帰依《きえ》文言がないのである。

参考までに同じような機能を持った寄進として、下総国の千葉《ちば》氏の場合をみておこう（『中山法華経寺文書』）。胤貞《たねさだ》流千葉氏は、日蓮宗中山門流の有力檀那で、多くの寄進を鎌倉末期より同門流に行なうが、応安年間（一三六八～七五）より以前、千葉胤継《たねつぐ》は自らの「本知行分《ちぎょう》」である八幡《やわたの》荘《しょう》谷中郷《やなかごう》（千葉県市川市）の一円を中山門流へ寄進し、かつ子である氏胤《うじたね》へ譲渡し、そして「公方」である室町幕府から安堵を受けている。

中山門流は室町幕府の祈禱所となり、かつ胤貞流千葉氏はその庇護のもと自立していたことになる。これは、対抗していた守護家である貞胤流千葉氏が、下総一国の支配を強めるのに際し、室町幕府の安堵を引き出すための寄進であった。この場合も信仰上はもとより、室町幕府祈願所としての所縁により、自立性を確保せんとする胤貞流千葉氏の、きわめて政治的な寄進と言えるだろう。

「公方」の寄進と「百姓」の寄進

室町時代における寄進

つぎに、室町期の地域社会における武士の寄進について考えてみたい。この時期、一四世紀後半からは、武士の寄進と併行して各地の寺社に、武士以外の下層の人びとの寄進が広汎に行なわれる。列島各地で言えば、京のある山城はもとより、備前・播磨・若狭・越前・近江・美濃・伊勢・大和・紀伊・三河・尾張・遠江など枚挙に遑がないが、おおむね畿内近国を中心にした範囲に確認できる。これは寄進が社会に深く根をおろしてきた証左だが、問題は先行する在地領主などの寄進との関係である。ここでは両者の関係が比較的よくわかる例として、近江国の場合をみてゆこう。

佐々木大原氏と近江国大原観音寺

大原氏《おおはらし》は近江源氏の一族で、承久の乱（一二二一年）の際、幕府方として活躍した佐々木信綱《ささきのぶつな》からわかれた六角氏《ろつかくし》・京極氏《きようごくし》・高島氏《たかしまし》と同族の名族で、琵琶湖北部の坂田郡《さかたぐん》大原荘（滋賀県米原市）を本貫地とする。大原荘は鎌倉期には仁和寺御室領《おむろりよう》だったが、南北朝内乱期をすぎた一四世紀末の明徳《めいとく》年間（一三九〇～九四）頃には、大原氏の一円所領となっていた。

大原氏は一族伝来の武家文書を残していないが、室町幕府の奉公衆となり、京極氏や守護六角氏から独立した武士として生き抜く。そして荘内の夫馬郷《ぶまごう》（米原市朝日）にある大原観音寺が蓄積した『大原観音寺文書』からは、地域社会と武家領主との関わりが詳細に明らかにできる（以下、大原氏と大原観音寺の例は湯浅『中世後期の地域と在地領主』ほかによる）。

大原観音寺は天台宗《てんだいしゆう》寺院だが、本来は伊吹《いぶき》山中に展開する「伊吹四箇寺」（他には弥高《やたか》寺《じ》・太平寺《たいへいじ》・長尾寺《ながおじ》）と称される山岳寺院の一つであった。鎌倉時代の一三世紀半ばに、荘内の平野部にある夫馬郷に移転したことがわかっている。

『大原観音寺文書』は約六〇〇点にものぼる文書だが、きわめて多くの寄進状・売券が観音寺に宛てられており、大原氏をはじめ、地域の土豪や百姓ら、寄進を行なった諸階層の動向をよく把握することができる。以下ではまず、寄進からみた大原氏と地域社会との関連を検討してみよう。

大原観音寺と地域社会

近江国は、自立的な寺社や惣村が多く存在し、また甲賀郡中惣《こうかぐんちゅうそう》などの地域権力も展開するように、団体（結社）がことさらに強い地域に属する。大原観音寺もそうした地域社会の影響を強く受けていることを特徴としている。

正元《しょうげん》年間（一二五九〜）以降一三世紀末にかけて、観音寺の寺観の整備を示す史料が残されている。それによれば、寺院の敷地となる基本寺領（成正名《なりまさみょう》という名《みょう》）は、大原荘の領家（荘園領主）である仁和寺の寄進によっており、さらに寺院の政所や、仁王像・鐘楼・本堂などの造立は、寺僧らの勧進によっている。また弘安から正応年間（一二七八〜九二）にかけ、大原氏とみられる地頭とその御台所《みだいどころ》（妻）が田地を寄進している。つまり観音寺は、領家・地頭双方の帰依を受けている。これは大原荘の全体の安穏を祈る荘園祈願寺（寺院鎮守）であったことを意味しており、その必要上から夫馬に転居したものとみられる。

領家の寄進を主導した、観音寺の来仏《らいぶつ》という僧侶は、「公文代《くもんだい》」を名乗り「地頭御方・

領家御方の沙汰人」とある人物で、地頭と領家双方にチャンネルを持っている。

夫馬郷は大原氏の一族夫馬氏の住郷だが、夫馬氏は、一族から大原氏の家司《けいし》と観音寺寺僧を出している。そのうちの慈仏《じぶつ》という僧侶も、永仁《えいにん》年間（一二九三〜九九）に盂蘭盆会《うらぼんえ》料の土地を寄進しており、彼の寄進も「代々本家・領家・地頭御菩提」と「慈仏一門聖霊」の弔いを観音寺に命じている。

図11　大原観音寺（滋賀県米原市）

ここからは、大原観音寺は、地頭大原氏とその一族、そして荘園領主らにとって共通の祈禱所としての機能を持つ寺院として、鎌倉時代の中期に成立したことがわかる。ちなみに大原氏のいわゆる「氏寺」とおぼしき寺院は、やや離れた彼の居館付近に複数点在している。大原観音寺はこれら氏寺とは一線を画する、地域社会の鎮守だったことには注意を要する。

こうした性格ゆえ、観音寺は大原荘内外の地域秩序に深く関わる寺院として、室町から戦国期に展開することになる。このことは観音寺の年中行事の形成過程とその性格によくあらわれている。観音寺には、元禄《げんろく》年間（一六八八〜一七〇四）に作成された「巨細帳《こさいちょう》」という帳簿が伝来している。この帳簿は、近世に入り中世的な年中行事が変質しつつあることに対し、中世の「先規《せんき》」を確認するために作成されたもので、原形は永禄《えいろく》六年（一五六三）に成立している。つまり、戦国時代には近世に連続するような年中行事が完成していることになる。そこには正月元日の本堂での勤行の次第から始まり、十二月までの主要な行事の式次第が細かに記されている（表1）。

年中行事と寄進

これらと寄進の関係をみよう。

主要な行事とされる涅槃会《ねはんえ》・盂蘭盆会・法華八講は、すでに一三世紀の後半に用途（費用）のための田地が寄進されている。つぎに修正会《しゅしょうえ》・四月三日神事・大師講《だいしこう》・夏安居《げあんご》などがある。このうち、修正会・四月三日神事・法華八講・大師講は、貞治《じょうじ》三年（一三六四）に、「四役神事」とされる中核的な行事となっている。これらの他の行事用途のための田地寄進はほぼ、一四世紀から一五世紀に集中してみられる〈表1の初見と終見〈他の史料による〉を参照〉。

表1　大原観音寺の年中行事

日付	行事	初見（西暦）	終見（西暦）	備考
正月元日	本堂勤行			聖・大衆参加。香花灯明・尊勝陀羅尼以下読誦あり
	鎮守三箇御供	長禄二年（一四五八）	—	院主・阿闍梨・承仕参加。御饗数五杯ほか
二日	蔵開き	文明十二年（一四六七）	—	出仕坊主に限る。公文・年行事・承仕参加
三日アシタ	心経三十三巻・他			
？	節分勤行			例時常の如し、聖の役
七日	諸職人札参る			
	算所大夫衆一座参る			
夜	初行	乾元二年（一三〇三）	大永八年（一五二八）	先例時常の如し
十三日	◎☆法輪の行事	応永三年（一三九六）	延徳二年（一四九〇）	
十五日	？（※1）			
十八日後夜	九条の錫杖・他			
二十六日	◎御祈禱（歩射）			大般若経・的あり
二十八日	御行	元亨二年（一三二二）	天文七年（一五三八）	勤行七日の如し。算所衆仕立
二月朔日	勤行			年中正月の如し
三日	勤行			年中正月の如し
十五日	涅槃会	正応元年（一二八八）	乾元二年（一三〇三）	先規管弦楽・式声明丁寧なるも近年は随時
十八日	勤行			年中正月の如し
	臨時の八講			

?（※2）	初祈禱			吉日を撰ぶべし
三月朔日 三日	一山集会 節供の勤 坊成日限 山王の御水	永享十年（一四三八）	—	御旦那大原氏の参詣あり・一族の位牌あり 九条の錫杖・他 往古より定来
四月一日 二日晩 八日 十五日ヨリ 十五日ヵ	鎮守祭礼 ☆岡の御祭礼 誕生会 夏番 ◎☆三嶋出仕	乾元二年（一三〇三） 明応九年（一五〇〇） 明応九年（一五〇〇）	天文四年（一五三五） — —	四月三日神事あり 模様は岡の如し
五月五日	節供の勤行 山王の御水			勤行は三月三日の如し。五節供同じ
六月朔日 十七日夜 十八日 二十五日 盡《ミナ》月	☆三嶋御祈禱大般若 転読経 算所衆一座参る ◎御祈禱大般若経 ☆由里天神法楽 例時	明応九年（一五〇〇） 永享三年（一四三一）	— 文明五年（一四七三）	当寺より六人出仕 毎月一人参詣仁王経一部講読、中比まで連歌あり 九条の錫杖・他
七月十五日 ? 十一日～	四十八巻の阿弥陀経 施餓鬼 ☆伊吹社夏番	永仁三年（一二九五）	文和二年（一三五三）	堂聖の役で読む 旦那延命院聖慶　行事多し 花香油此方より持参

十四日早天	四ケ寺の勤			
八月一日 十五日	師弟所務日限の分別 ◎☆三嶋十五日御祭礼 猿楽一座参る	明応九年(一五〇〇)	—	神事・坊役等分別 近年は当寺零落につき時宜に随う
九月九日	節供			鎮守の御酒一升
十月十八日	◎八講　論議	建治元年(一二七五)	大永八年(一五二八)	往古ハ響餅等あるも供米なきにより略す
十一月二十四日	◎大師講　論議	乾元二年(一三〇三)	大永八年(一五二八)	一山会合
十二月一日	洛叉 巻数書 御鏡事	貞和五年(一三四九) 大永五年(一五二五)	享禄三年(一五三〇) —	

※1＝行事名の銘記なし。※2＝日にちの銘記なし。

年中行事の公共性

観音寺の年中行事は、荘園鎮守としての公共性を備えたものであった。それはまず荘内の安穏を祈願する諸行事の遂行から始まり、荘園内部に点在する寺社と連携して行なわれる行事にあらわれる。表1に☆印を付けた寺社・行事である法輪院《ほうりんいん》・岡社《おかしゃ》（大梵天王宮《だいぼんてんおうぐう》）・三嶋社《みしましゃ》・由里天神《ゆりてんじん》などである。これらの寺社には、観音寺から供僧《くそう》が出仕し、祭礼や法楽、大般若経《だいはんにゃきょう》の転読などの諸行事が行なわれる。

岡社は荘内の灌漑用水「出雲井《いずもゆ》」と関わる社であり、渇水の際には観音寺の僧侶により雨乞いの祈禱が行なわれる（『大原郷四ケ村共有文書』）。三嶋社も三嶋池という灌漑のための池と関わる社である。これらは荘園内の水利秩序を宗教的に管理する堂舎の祭礼で、それが観音寺という荘園鎮守の行事に組み込まれていることを示しており、その公共性がきわめて高い。

また、伊吹社は伊吹山の山岳信仰と、「出雲井」の姉川《あねがわ》取水口に位置する水分神《みくまりのかみ》として流域にひろく崇敬される社だが、観音寺の僧は、伊吹社の夏安居に出仕している。本来、さきにみた「伊吹四箇寺」によって、伊吹社の一切経会《いっさいきょうえ》などが遂行されていたが、観音寺は平地に移転して荘園鎮守となってからも、その信仰を維持していたのである。

その紐帯としての役割は、観音寺に属する山伏《やまぶし》が担っていた。伊吹山は山伏が入峰する修験《しゅげん》の霊場であったが、観音寺に帰属する山伏は、伊吹山の修験であり、また岡・三嶋社の祭礼に出仕していた。山伏は観音寺と伊吹山の山岳信仰を結びつける役割を担っていたことになる。このように、観音寺の年中行事からは、その諸行事が、荘内外の公共的な秩序の維持に深く関わっていたことを知ることができる。

百姓との互酬的な関係

そしてもう一つ確認したいのは、行事における荘内の百姓たちの立場である。多くの行事には百姓の参加や関与がみられる。一覧にしてみよう（表1に◎印を付けた行事である）。

①正月一三日	法輪行事	「門前村人」へ米一斗を下用
②正月二六日	歩射神事《ぶしやしんじ》	「一山の出仕　名主百姓も参る」
③四月一五日	三嶋出仕	「門前の百姓」が山のいも等を出し桟敷《さじき》の竹木を持ち送る
④六月一八日	大般若経転読	「寺衆・門前百姓まで」に正月のごとく酒飯
⑤八月一五日	三嶋祭礼	「宮政所」で「寺僧小者百姓以下まで悉く《ことごと》」酒
⑥十月一八日	八講	「非事飯」百姓にあり
⑦十一月二四日	大師講	「非時」は酒飯あり百姓分まであり

ざっと以上だが、このうち③は、行事の用途（費用）の負担を門前の百姓が行なっている事例だが、①④⑤⑥⑦は、逆に行事の主催者が百姓などに反対給付として饗応（もてなし）を行なっている。また②の歩射神事は、一山（寺院の全体）の出仕が求められるなか、名主・百姓の参加が求められている。また③では、祭礼に際して桟敷が設けられているが、

これはこの祭礼が、桟敷での多くの人びとの観覧を得ることで、広く公開される性格を持つものであることを意味している。

このように、大原観音寺を中核とする祭礼などの行事が、広く大原荘内外の百姓層に周知され、場合によってその参加が認められていたのである。ここに互酬的な関係をみとめることができるだろう。

百姓とはいわば民衆の姿であり、荘園鎮守観音寺の諸行事は、まさに民衆レベルの基盤を持ち、彼らの参加・負担に対し、全体として分配行為を行なっている。ここからは、観音寺の年中行事の公共的な性格をうかがうことができる。

「公方」大原氏の寄進

では、そこにおける領主である大原氏の役割を考えよう。まず一三世紀の段階で、涅槃会料田を大原氏一族とみられる地頭御台所が、盂蘭盆会用途田を夫馬一族の慈仏が寄進している。さらに積極的に寄進を行なうのは、一四世紀後半から一五世紀後半にかけてである。とくに永享十年（一四三八）に、大原持綱《つな》が一町八反の田地を三月の法華経《ほけきよう》の千部経会《せんぶきようえ》に寄進していることは重要である。千部経会は「一山集会《いつさんしゆうえ》」とされる観音寺をあげての法会で、三月一日から晦日にわたり法華経の読誦が行なわれるが、そこには大原氏の参詣《さんけい》があり、さらに大原満信《みつのぶ》をはじめ

日本の古墳はなぜ巨大なのか

古代モニュメントの比較考古学

国立歴史民俗博物館・松木武彦・福永伸哉・佐々木憲一編

古代日本に造られた膨大な古墳。その傑出した大きさや特異な形は社会のしくみをいかに反映するのか。世界のモニュメントと比較し、謎に迫る。古代の建造物が現代まで持ち続ける意味を問い、過去から未来へと伝える試み。

A5判・二七二頁・原色口絵八頁／三八〇〇円

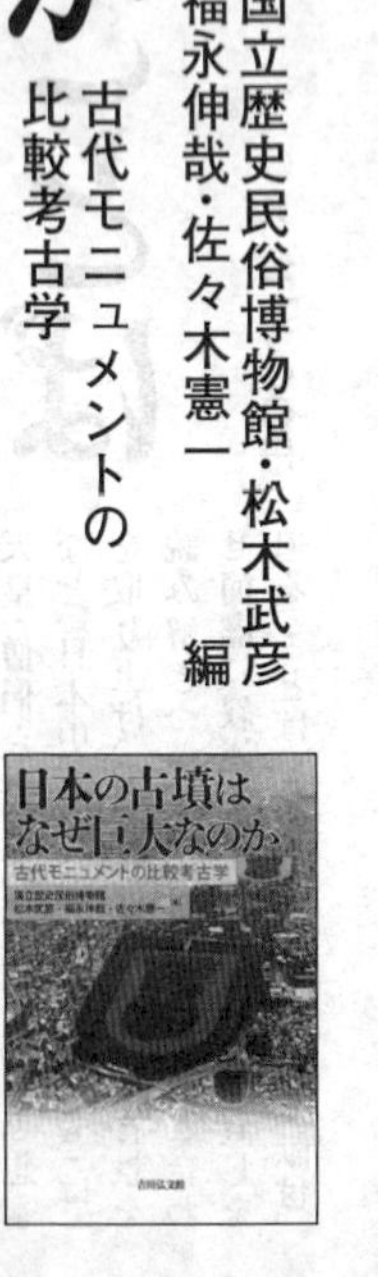

卑弥呼と女性首長（新装版）

清家 章著

邪馬台国の女王卑弥呼と後継の台与。なぜこの時期に女王が集中したのか。考古学・女性史・文献史・人類学を駆使し、弥生～古墳時代の女性の役割と地位を解明。卑弥呼が擁立された背景と要因に迫った名著を新装復刊。

四六判・二五六頁／二二〇〇円

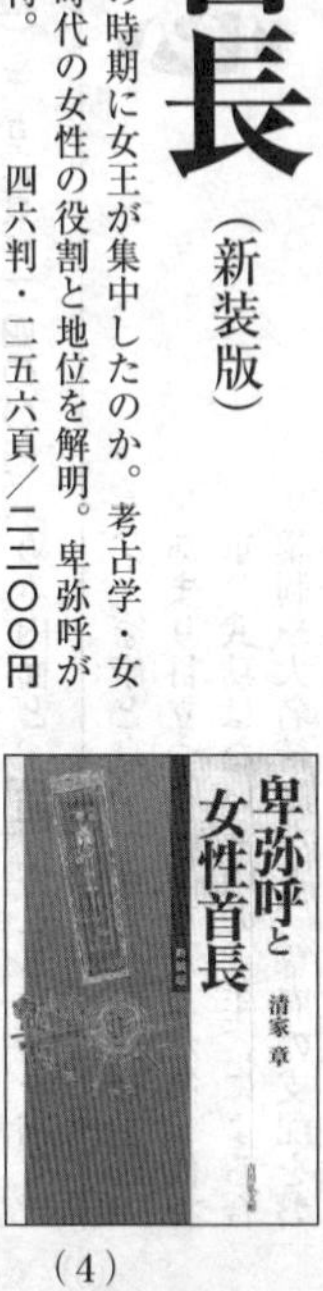

「王」と呼ばれた皇族

古代・中世皇統の末流

日本史史料研究会監修・赤坂恒明著

日本の皇族の一員でありながら、これまで十分に知られることのなかった「王」。興世王、以仁王、忠成王など有名・無名のさまざまな「王」たちを、逸話も交えて紹介。皇族の周縁部から皇室制度史の全体像に初めて迫る。

〈2刷〉四六判・二八六頁／二八〇〇円

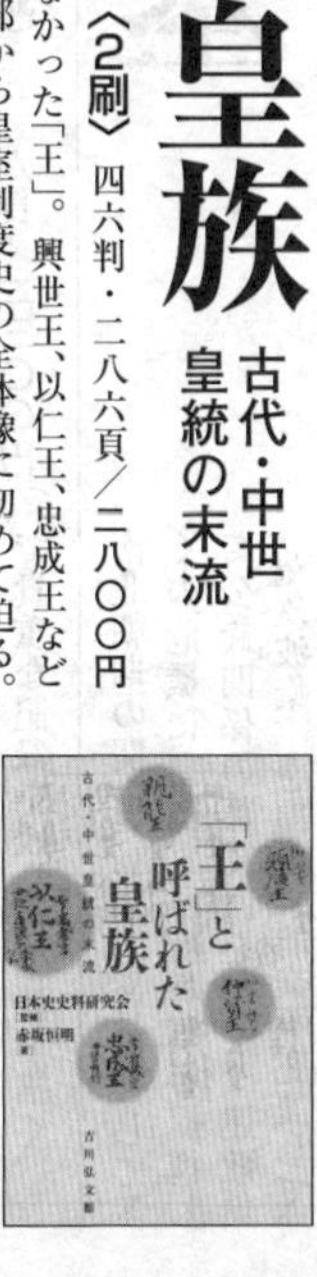

鎌倉時代論

五味文彦著

四六判・四四八頁
三二〇〇円

鎌倉時代とは何だったのか。中世史研究を牽引してきた著者が、京と鎌倉、二つの王権から見た鎌倉時代の通史を平易に叙述。さらに、著者の貴重な初期の論文など六編も収める。『吾妻鏡の方法』に続く、待望の姉妹編。

藤原俊成 中世和歌の先導者

久保田　淳著

新古今時代の代表的歌人。多くの歌合の判者を務め、後白河法皇の信頼を受け千載《せんざい》和歌集を撰進する。古来風躰抄《こらいふうていしょう》を執筆、後継者定家を育て、歌の家冷泉《れいぜい》家の基礎を築く。歴史の転換期を生き抜いた九十一年の生涯を辿る。

四六判・五一二頁／三八〇〇円

高山寺の美術

明恵上人と鳥獣戯画ゆかりの寺

高山寺監修
土屋貴裕編

稀代の僧・明恵により再興された世界文化遺産・高山寺。膨大かつ貴重な文化財を今に伝える寺宝の中でも、選りすぐりの美術作品に着目し、魅力を平易に紹介。個性豊かな作品から、多面的で斬新な信仰世界に迫る。

A5判・二〇八頁・原色口絵八頁／二五〇〇円

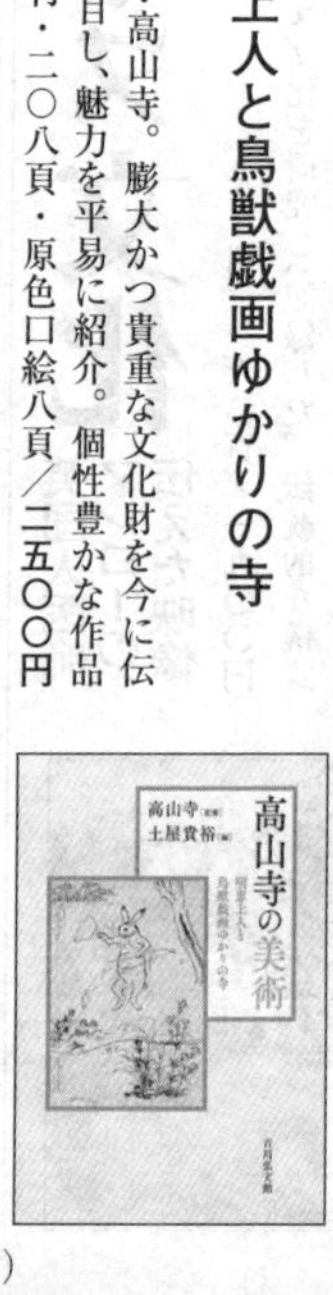

城郭ファン必備！

東海の名城を歩く

岐阜編

中井　均・内堀信雄編

岐阜県から精選した名城六〇を、西濃・本巣郡、中濃・岐阜、東濃・加茂、飛騨に分け、豊富な図版を交えて紹介。三一六頁・原色口絵四頁

愛知・三重編

中井　均・鈴木正貴・竹田憲治編

愛知・三重の各県から精選した名城七一を、尾張・三河・三重に分け、豊富な図版を交えて平易に紹介する。三一六頁・原色口絵四頁

〈続刊〉静岡編　中井　均・加藤理文編　2020年春刊行予定

『内容案内』送呈

A5判／各二五〇〇円

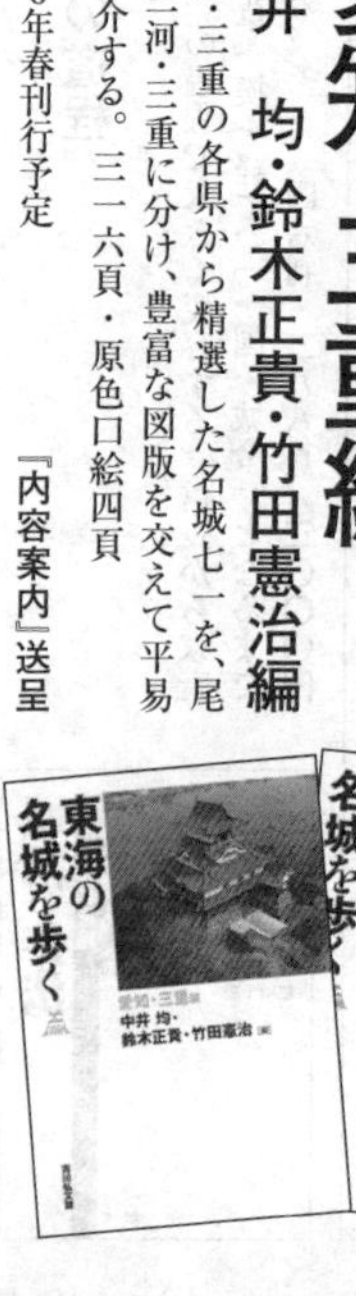

城割の作法
一国一城への道程

福田千鶴著

戦国時代、降参の作法だった城割《しろわり》は、天下統一の過程で大きく変容する。信長から家康に至る破城政策、福島正則の改易や島原・天草一揆を経て、「一国一城令」となるまでの城割の実態に迫り、城郭研究に一石を投じる。

四六判・二八八頁／三〇〇〇円

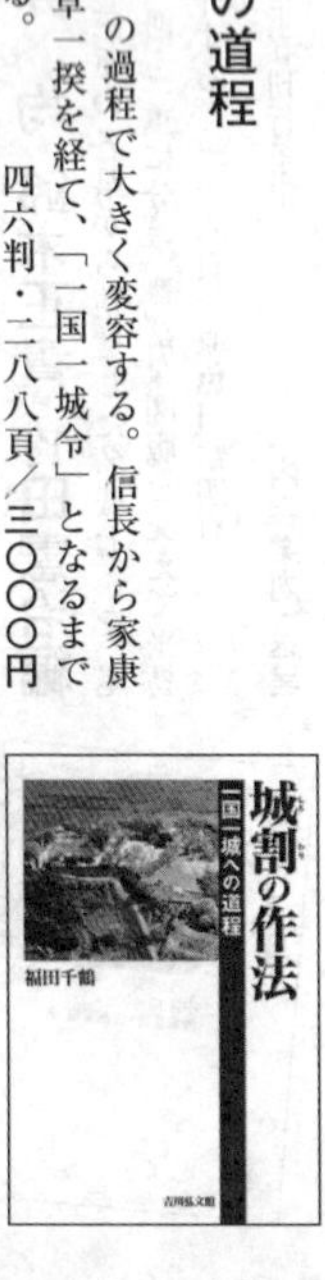

戦国大名北条氏の歴史
小田原開府五百年のあゆみ
〈2刷〉

小田原城総合管理事務所編・小和田哲男監修

十五世紀末、伊勢宗瑞（早雲）が小田原に進出。氏綱が北条を名乗ると、小田原を本拠に屈指の戦国大名に成長した。氏康〜氏直期の周辺国との抗争・同盟、近世小田原藩の発展にいたる歴史を、図版やコラムを交え描く。

A5判・二四八頁・原色口絵四頁／一九〇〇円

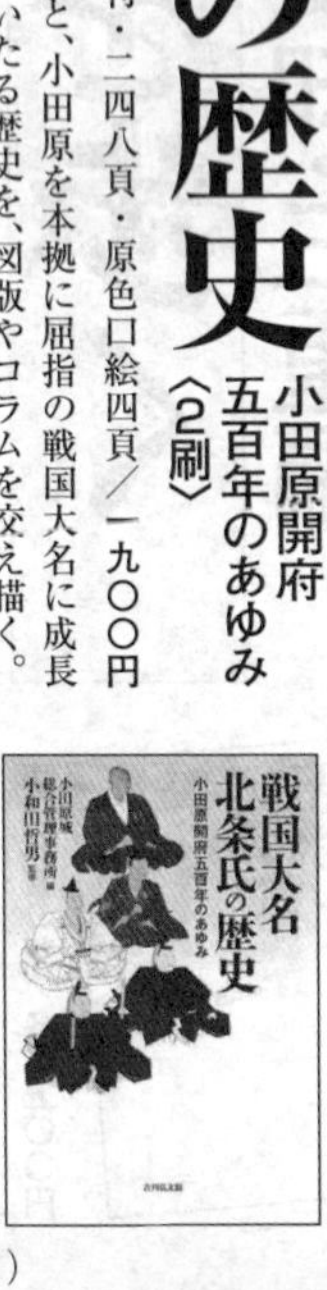

映し出されたアイヌ文化
英国人医師マンローの伝えた映像

国立歴史民俗博物館監修・内田順子編

明治期に来日した英国人医師マンローは、医療の傍ら北海道でアイヌ文化を研究し、記録した。伝統的な儀式「イヨマンテ」、道具や衣服、祈りなどの習俗を映画・写真資料で紹介。アイヌの精神を伝える貴重なコレクション。

A5判・一六〇頁／一九〇〇円

日本史を学ぶための図書館活用術
辞典・史料・データベース

浜田久美子著

日本史を初めて学ぶ人に向けて、図書館にある辞典や年表、古代・中世史料の注釈書などの特徴と便利な活用方法をわかりやすく解説。データベース活用法も交えた、学生のレポート作成をはじめ幅広く役立つガイドブック。

四六判・一九八頁／一八〇〇円

歴史文化ライブラリー

●19年11月～20年2月発売の7冊　四六判・平均二二〇頁　全冊書下ろし

人類誕生から現代まで／忘れられた歴史の発掘／常識への挑戦／学問の成果を誰にもわかりやすく／ハンディな造本と読みやすい活字／個性あふれる装幀

490
明智光秀の生涯〈3刷〉
諏訪勝則著

本能寺の変の首謀者。前半生は不明だが、足利義昭や織田信長に臣従して頭角をあらわす。連歌や茶道にも長け、織田家中随一の重臣に上り詰めながら、なぜ主君を襲撃したのか。謀反の真相に新見解を示し、人間像に迫る。

二五六頁／一八〇〇円

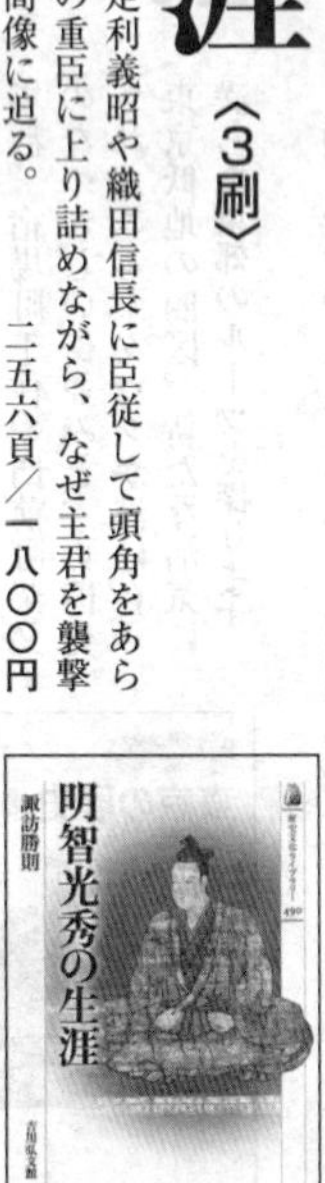

491
神仏と中世人
宗教をめぐるホンネとタテマエ
衣川　仁著

中世人は富や健康、呪咀などの願望成就を求め、寺社は期待に応えて祈りを提供した。人々は神仏にいかに依存し、どう利用したか。期待と実際とのズレから民衆の内面に迫り、現代の「無宗教」を考える手掛りを提示する。

二二四頁／一七〇〇円

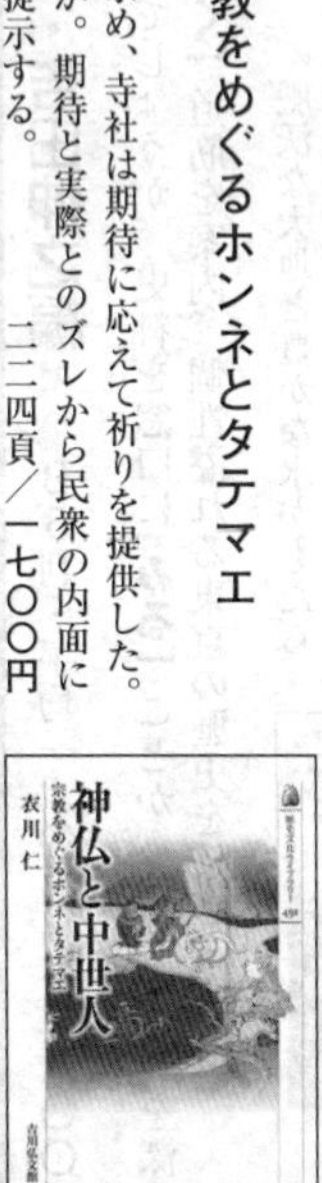

492
戦国大名毛利家の英才教育
元就・隆元・輝元と妻たち
五條小枝子著

戦国大名毛利家に関する膨大な文書から、元就・隆元・輝元の妻たちに光を当てる。夫婦関係や子どもへの細やかな愛情表現を明らかにし、家臣への心配りや婚家との架け橋など、書状から見えてくる毛利家の家族観に迫る。

二四〇頁／一七〇〇円

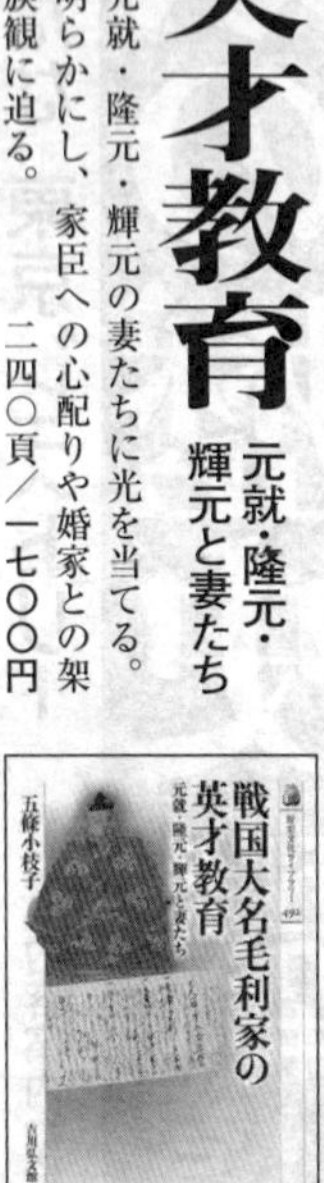

493

大地の古代史
土地の生命力を信じた人びと

三谷芳幸著

古代の人びとは、大地とどのように関わっていたのか。地方と都の人たちの大地をめぐる豊かな営みや、土地へのユニークな信仰を追究。「未開」と「文明」の葛藤をたどり、日本人の宗教的心性のひとつの根源を探り出す。

二二〇頁／一七〇〇円

494

鎌倉浄土教の先駆者 法然

中井真孝著

ひたすら念仏を唱えれば往生できると、庶民救済の道を開いた法然。近年発見された法語集や著作『選択本願念仏集』から生涯を辿り、思想と教えの特徴を読み解く。鎌倉時代の仏教に多大な影響を与えた等身大の姿に迫る。

二三四頁／一七〇〇円

495

敗者たちの中世争乱
年号から読み解く

関 幸彦著

武士が台頭しその力が確立するなか、多くの政変や合戦が起きた。鎌倉幕府成立時の「治承・寿永の内乱」から戦国時代の幕開け「享徳の乱」まで、年号を介した十五の事件を年代記風に辿り、敗れた者への視点から描く。

二五六頁／一八〇〇円

496

松岡洋右と日米開戦
大衆政治家の功と罪

服部 聡著

日米開戦の原因をつくった外交官として、厳しく評価されている松岡洋右。しかし、現実の彼は日米戦争回避を図って行動していた。その狙いはなぜ破綻してしまったのか。複雑な内外の政治状況を繙き、人物像を再評価。

二四〇頁／一七〇〇円

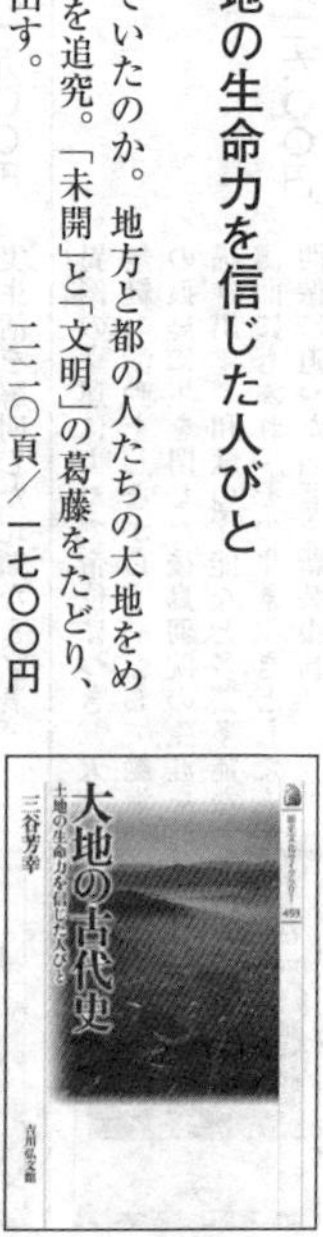
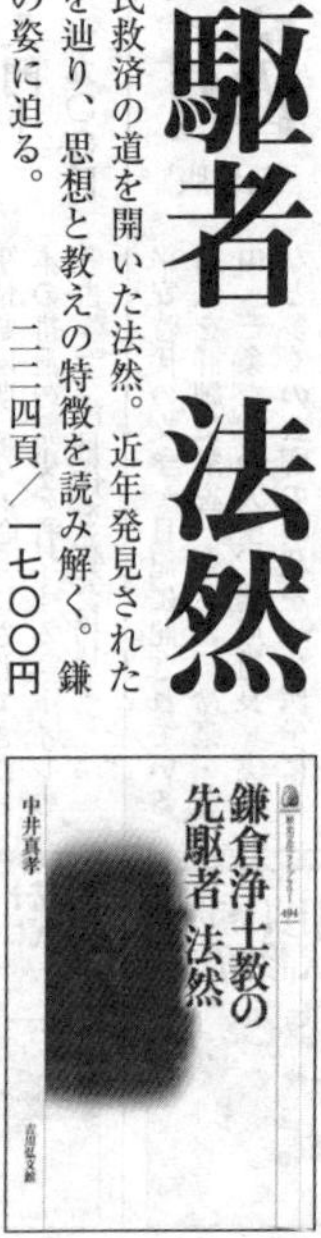
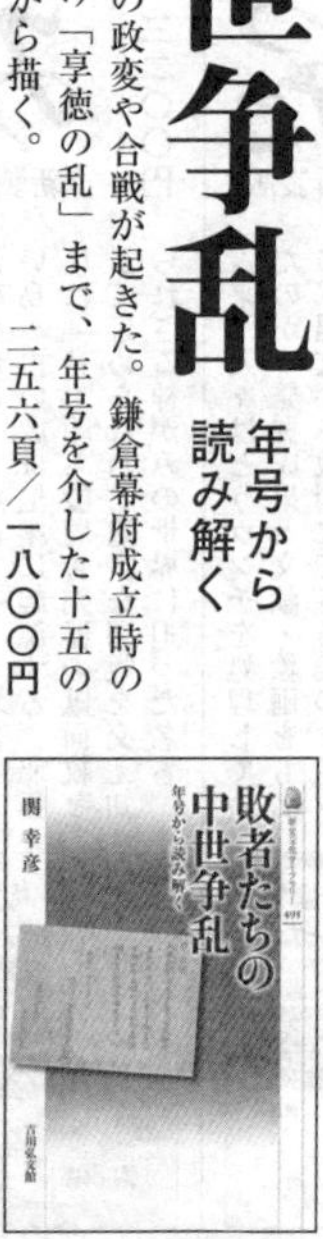
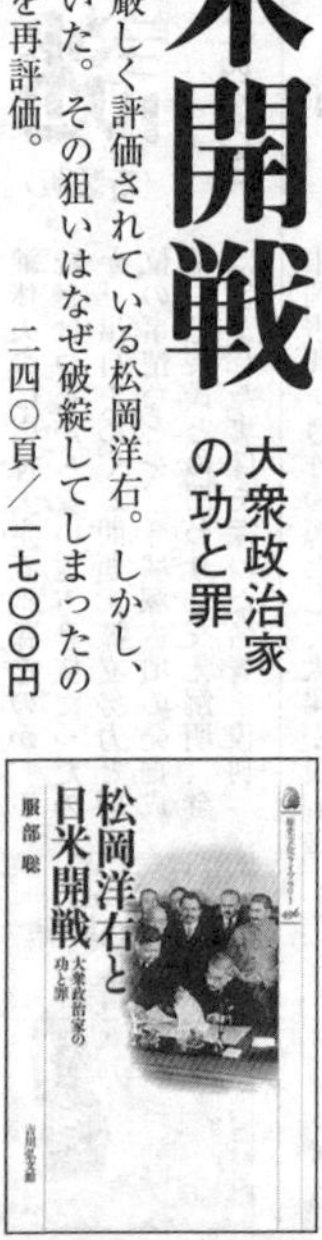

継体天皇と即位の謎〈新装版〉

大橋信弥著

四六判・二三二頁／二四〇〇円

継体天皇は応神天皇五世孫なのか、王統とはつながらない地方豪族だったのか。出自をめぐる問題、擁立勢力と即位の事情などを、今城塚古墳の発掘成果や息長氏との関わりを交え解明。謎に包まれた実像を探った名著を復刊。

中国古代の神がみ〈新装版〉

林　巳奈夫著

四六判・二八〇頁／三二〇〇円

中国古代、豊作の源として太陽が最も崇敬された。天の四方神、青い龍・赤い鳥・白い虎は星座に起源する。北極星は「帝」即ち殷周青銅器の獣面紋として崇められた。豊富な図版を交え知られざる神がみの世界に迫った名著。

水洗トイレは古代にもあった〈新装版〉

—トイレ考古学入門—

黒崎　直著

A5判・二六八頁／一九〇〇円

古来、人々はどうウンチを処理していたのか。発掘成果と文献・絵画をもとに、縄文から戦国まで各時代のトイレ事情を解明。なおざりにされてきた日本の排泄の歴史を科学する「トイレの考古学」。注目作を新装復刊！

王朝貴族の病状診断〈新装版〉

服部敏良著

四六判・二七二頁／一九〇〇円

平安時代の文学・日記に記されている病気を詳細に解説。さらに、冷泉・花山・三条などの天皇、藤原道長・実資など多くの公卿の病状を現代医学にあてはめて的確に診断する。王朝貴族の実生活を解明した比類なき名著。

史伝 後鳥羽院〈新装版〉

目崎徳衛著

四六判・二七二頁／二六〇〇円

異例の幸運によって帝位につき、天衣無縫の活動をしながら、一転して絶海の孤島に生を閉じた後鳥羽院の生涯を描き出す。和歌の才能など多芸多能な側面にもふれ、その生き生きとした人間像に迫った名著を新装復刊。

戦国のコミュニケーション ―情報と通信― 〈新装版〉

山田邦明著

四六判・二九六頁／二三〇〇円

「一刻も早く援軍を…」。戦国大名たちはいかにして遠隔地まで自らの意思や情報を伝えたのか。口上を託された使者、密書をしのばせた飛脚たちが、命をかけて戦乱の世を駆け抜ける。中世情報論を構築した名著を新装復刊。

中世のうわさ ―情報伝達のしくみ― 〈新装版〉

酒井紀美著

四六判・二四八頁／二六〇〇円

新聞やテレビ、インターネットなどなかった中世社会、「うわさ」は重要な情報伝達手段だった。殺人事件や悪党蜂起、事実無根の流言…。広く飛び交った「うわさ」を丁寧に分析。新たな中世情報論に挑んだ意欲作を復刊。

暮らしの中の古文書 〈新装版〉

浅井潤子編

A5判・一九二頁／一九〇〇円

出生・学問・奉公・成人・結婚…。江戸時代後期に生きた人々が暮らしの中で綴った古文書を読み解き、その実際の姿と社会状況を描く。収載した古文書は写真とともに翻刻し、平易に解説。初めて古文書を学ぶ人に最適。

アイヌ語の世界 〈新装普及版〉

田村すゞ子著

A5判・二八八頁／三五〇〇円

日本の言語の一つとして広く知られながら、具体的な内容はよく知られていないアイヌ語。その文法・系統・口承文学をわかりやすく解説。金田一京助らアイヌ語研究者の思い出も収める。不朽の名著を装い新たに復刊。

戦争に隠された「震度7」 ―1944東南海地震・1945三河地震― 〈新装版〉

木村玲欧著

A5判・二一六頁／二〇〇〇円

太平洋戦争末期、東海地方を襲った二つの巨大地震。戦時報道管制下、地元紙＝中部日本新聞は何をいかに伝え、役割を果たしたのか。被災者の体験談を紹介し、防災教育の促進と意識向上を呼びかける。注目作を新装復刊。

縄文時代の植物利用と家屋害虫 圧痕法のイノベーション

小畑弘己著　B5判・二七〇頁／八〇〇〇円

縄文土器作成時に混入されたタネやムシの痕跡を、X線を用いて検出する新たな研究手法を提唱。発見された資料をもとに植物栽培や害虫発生のプロセスを読み解き、縄文人の暮らしや植物・昆虫に対する意識を探り出す。

日本古代の交易と社会

宮川麻紀著　A5判・二九六頁／九五〇〇円

律令国家は都城を支える流通経済の仕組みをいかにして作り上げたのか。東西市と地方の市に注目し、管理方針の違いを考察。また交易価格の検討から地方経済の実態を究明する。「実物貢納経済」の実像に迫った注目の書。

古代の漏刻と時刻制度 東アジアと日本

木下正史著　A5判・四〇八頁／一一〇〇〇円

古代ではいかにして時を計っていたのか。『日本書紀』にみえる漏刻跡である飛鳥水落遺跡を検証し、日本・東アジアの漏刻・時刻制度を論究。飛鳥の歴史や宮都の解明に大きな意義を持つ、日本古代の時刻制度の基礎的研究。

室町・戦国期の土倉と酒屋

酒匂由紀子著　A5判・二八〇頁／八五〇〇円

従来、京都「町衆」の代表的存在で、金融業を専らとする商人と位置づけられてきた土倉・酒屋。『蜷川家文書』『八瀬童子会文書』などを読み解き、新たな「土倉・酒屋」像を提起。室町・戦国期の京都の社会構造を再検討する。

中世仏教絵画の図像誌 経説絵巻・六道絵・九相図

山本聡美著　A5判・四八八頁・原色口絵一六頁／八五〇〇円

中世日本では、漢訳仏典を淵源とする図像が世俗の文学や伝承とも結びついて多義的な意味と霊性を獲得した。地獄・鬼・病・六道輪廻・死体など、仏教的罪業観に基づく図像を取り上げ、各々の成立と受容の歴史に迫る。

中世やまと絵史論

髙岸　輝著　A5判・四二八頁・原色口絵一六頁／一〇〇〇〇円

やまと絵は中世絵画の基盤であり、社会を映し出す鏡であった。絵巻・肖像画・仏画・障屛画など多岐にわたる作例を分析し、視覚による世界把握の変化を探るとともに、絵師や流派による表現の展開を追った注目の書。

戦国末期の足利将軍権力

水野　嶺著　A5判・二八〇頁／九〇〇〇円

従来、看過されがちであった足利義輝・義昭ら戦国期の将軍や幕府。近年多くの論考が発表され深化した研究成果を整理し、義昭と信長の関係を再検討。足利将軍の視点から、戦国・織豊期における将軍権力の実態に迫る。

近代皇室の社会史 側室・育児・恋愛

森　暢平著

伝統的な婚姻・子育てを残していた皇室が、なぜ「近代家族」化したのか。一夫一婦制、「御手許」養育、恋愛結婚などの実態を検討。大衆化する社会情勢、メディア報道と連関させ、時代に順応していく皇室に迫る新たな試み。

A5判・三九〇頁／九〇〇〇円

文化遺産と〈復元学〉 遺跡・建築・庭園復元の理論と実践

海野　聡編

失われた歴史遺産を再生する復元はいかに行われるのか。古代から現代における国内外の遺跡や建物、庭園、美術品の復元を検討。文化財・文化遺産の保存・活用が求められるなか、復元の目的や実情、課題に迫る意欲作。

A5判・三四四頁／四八〇〇円

芦田均と日本外交 連盟外交から日米同盟へ

矢嶋　光著

戦後、吉田茂の軽武装論に対立し、再軍備論を唱えた芦田均。外交官時代の経験から得た国際政治観と敗戦までの変化など、政治的足跡から彼の再軍備論を内在的に分析。戦後日本の外交路線の形成と対立の諸相を考察する。

A5判・三三四頁／九〇〇〇円

大学アーカイブズの成立と展開 公文書管理と国立大学

加藤　諭著

教育・研究機関として発展してきた大学には、運営などに関する多くの資料が存在し、日本の文書管理制度の一翼を担ってきた。各国立大学の事例を挙げて、日本における大学アーカイブズの真の意義や可能性を解明する。

A5判・四二四頁／一一五〇〇円

豊臣秀吉文書集 第六巻 文禄二年〜文禄三年

名古屋市博物館編

朝鮮渡海を前に秀吉は、戦況の停滞を脱すべく在陣諸将を督励していた。明との和平交渉が進む一方、国内では秀頼誕生、大仏殿上棟、伏見城普請など、新たな展開を見せる。軍勢の一部帰国を命ずるまで、七二六点を収録。

A5判・二七六頁／八〇〇〇円

永青文庫叢書 細川家文書 島原・天草一揆編

熊本大学永青文庫研究センター編

A4判・三四〇頁・原色別刷図版一六頁／二三〇〇〇円（第Ⅱ期第2回）

熊本藩は島原・天草一揆に最前線で対応した。蜂起の様子や、対する大名同士の連携、城攻めに向けた人員動員と物資調達、戦後処理、地域復興などがわかる細川家関連史料を、未公開のものも含めて収録した待望の史料集。

松尾大社史料集 記録篇四

松尾大社史料集編修委員会編

A5判・七二二頁／二〇〇〇〇円

●近刊

卑弥呼の時代（読みなおす日本史）
吉田 晶著 四六判／二二〇〇円

テーマでよむ日本古代史 政治・外交編／社会・史料編
佐藤 信監修・新古代史の会編 A5判／価格は未定

清和天皇（人物叢書304）
神谷正昌著 四六判／二〇〇〇円

現代語訳 小右記 ⑩大臣闕員騒動
倉本一宏編 四六判／価格は未定

中世の富と権力 寄進する人びと（歴史文化ライブラリー497）
湯浅治久著 四六判／一七〇〇円

東国の中世石塔
磯部淳一著 B5判／価格は未定

肥前名護屋城の研究 中近世移行期の築城技法
宮武正登著 B5判／一二〇〇〇円

永青文庫にみる細川家の歴史
公益財団法人永青文庫編 四六判／価格は未定

鶴屋南北（人物叢書305）
古井戸秀夫著 四六判／価格は未定

石に刻まれた江戸時代 無縁・遊女・北前船（歴史文化ライブラリー498）
関根達人著 四六判／一八〇〇円

近世最上川水運と西廻航路 幕藩領における廻米輸送の研究
横山昭男著 A5判／価格は未定

首都改造 東京の再開発と都市政治（歴史文化ライブラリー500）
源川真希著 四六判／価格は未定

皇紀・万博・オリンピック 皇室ブランドと経済発展（読みなおす日本史）
古川隆久著 四六判／価格は未定

戦国史研究 第79号
戦国史研究会編 A5判／価格は未定

※書名は仮題のものもあります。

大好評のロングセラー発売中！

日本史年表・地図
児玉幸多編 B5判・一三八頁／一三〇〇円

世界史年表・地図
亀井高孝・三上次男・林 健太郎・堀米庸三編 B5判 二〇六頁 一四〇〇円

日本人は、何を、何のために、どのように食べてきたか？

日本の食文化 全6巻

小川直之・関沢まゆみ・藤井弘章・石垣　悟編

食材、調理法、食事の作法や歳事・儀礼など多彩な視点から、これまでの、そしてこれからの日本の〝食〟を考える。『内容案内』送呈

四六判・平均二五六頁／各二七〇〇円

1 食事と作法
小川直之編

人間関係や社会のあり方と密接に結びついた「食」を探る。

2 米と餅
関沢まゆみ編　腹を満たすかて飯とハレの日のご馳走。特別な力をもつ米の食に迫る。

3 麦・雑穀と芋
小川直之編

乾燥に発酵、保存の知恵が生んだ食。「日本の味」の成り立ちとは。

4 魚と肉
藤井弘章編　沿海と内陸での違い、滋養食や供物。魚食・肉食の千差万別を知る。

5 酒と調味料、保存食
石垣　悟編

乾燥に発酵、保存の知恵が生んだ食。「日本の味」の成り立ちとは。

6 菓子と果物
関沢まゆみ編

味覚を喜ばせる魅力的な嗜好品であった甘味の歴史と文化。

「令和」を迎え「平成」を網羅した十四年ぶりの増補新版！

日本史総合年表 第三版

加藤友康・瀬野精一郎・鳥海　靖・丸山雍成編　一八〇〇〇円

定評ある日本史年表の決定版

旧石器時代から令和改元二〇一九年五月一日に至るまで、政治・経済・社会・文化にわたる四万一〇〇〇項目を収録する。便利な日本史備要と詳細な索引を付した画期的編集。国史大辞典別巻

四六倍判・一一二九二頁

事典 日本の年号

小倉慈司著　四六判・四五四頁／二六〇〇円

大化から令和まで、二四八の年号を確かな史料に基づき平易に紹介。年号ごとに在位した天皇、改元理由などを明記し、年号字の典拠やその訓みを解説する。地震史・環境史などの成果も取り込んだ画期的〈年号〉事典。

令和新修 歴代天皇・年号事典

米田雄介編　四六判・四六四頁／一九〇〇円

令和改元に伴い待望の増補新修。神武天皇から今上天皇までを網羅し、略歴・事跡、各天皇の在位中に制定された年号等を収める。皇室典範特例法による退位と即位を巻頭総論に加え、天皇・皇室の関連法令など付録も充実。

とする先祖の追善と一族の逆修《ぎゃくしゅ》（生前に後生安穏を祈禱すること）が祈られる行事でもある。この田地は天役《てんやく》・諸公事免《くじめん》の重要な基盤となる田地の寄進で、ここに至って大原氏は、観音寺の年中行事に田地寄進により積極的に基盤を与え、かつ一族安穏のための法会をそこに埋め込んだことになる。

重要なことは、大原氏が当初からと言うよりは、一四世紀後半から積極的に寄進を行ない、千部経会を成立させていることである。それはこの時期に、大原氏が地域の領主として公共性の高い年中行事を取り込もうとしたからに他ならない。こうした領主の動向を象徴するのが、「公方《くぼう》」としての大原氏の立場である。

「公方」とは鎌倉時代からあらわれる文言であり、当初は幕府や将軍、または荘園領主を指す言葉だったが、一五世紀前半の永享四年（一四三二）、大原持綱を指して「公方」とする場合がある。「公方」とは、「公」としての性格を持ち、それが地域の領主の呼称として下降してきた。武家領主は、荘園鎮守とその宗教的な行事が体現する公共性を取り込むことにより、地域社会における「公方」=「公」となったのである。

「公方」の寄進と「百姓」の寄進

ところで、さきに年中行事での百姓（民衆）層の参加をみたが、じつは百姓らも観音寺に寄進を行なっている。

すでに観音寺では元亨二年（一三二二）、食堂《じきどう》に荘内の村居田郷《むらいだごう》以下、夫馬郷など八ヵ郷が座席を持ち、寺僧らと「御行《おこない》」（修正会）を行なっている。寄進としては観応《かんのう》元年（一三五〇）に夫馬郷の名主である西念《さいねん》・左近允《さこんのじょう》が名田《みょうでん》（私領）を寄進し、文和二年（一三五三）にも夫馬郷の名主・百姓らが連署で仏田三反を寄進している。これを皮切りに、個人と思しき百姓や、集団としての寄進が明徳から応永（一三九〇〜一四二八）、つまり一四世紀末から一五世紀前半にかけて盛行してゆく。

こうした動向と、大原氏ら領主層の寄進はどう関連するのだろうか。そこで、時代は降るが、ここで一五世紀半ばの有様をみたい。享徳二年（一四五三）以降、観音寺では多数の「寺領注文」という帳簿が作成される。これは「指出《さしだし》」と称される申告書類で、注記によると「公方」、すなわち大原氏（後半は京極氏）に提出されたものである。ここでその「寺領」の内容を一覧にした（表2）。

もちろんこれまで、観音寺には多くの寄進田が集積されており、けしてここにみえるものだけが「寺領」ではないなかで、この固まりは何を意味するのだろうか。

それを解く鍵は、この注文が「公方ヨリの御寄進ノ寺領ノ注文ノ案」とされていることにある。この「寺領」とは、「公方」からの寄進として他の寺領とは区別され申告されるものなのである。

そこであらためて表2の寄進主をみてみよう。「公方」大原氏一族が多いことがわかる

表2　大原観音寺の「寺領」一覧

地目	寄進年次	寄進主	備考
①涅槃会田	正応元年（一二八八）	源氏某	源氏某は地頭御台所。大原氏か？
②灯明田	康永四年（一三四五）	源氏重？	福能部荘一反
	文和三年（一三五四）	教道？	夫馬郷内小
③護摩田	貞和四年（一三四八）？	源清？	大鹿北方内
④鎮守行田	応永二年（一四〇四）	大原満信	大＝三所権現御行田／小＝塔供養之法田
⑤坊地	正元二年（一二六〇）	公文代来仏	本家・領家・地頭の共同寄進
⑥御屋敷替地	？	？	
⑦和田殿訪	長禄二年（一四五八）	大原持綱	追善のため
⑧新二郎訪	不明	大原氏？	新二郎＝大原氏庶子烏脇新二郎（「仏田目安」）
⑨聖寿院田	寛正三年（一四六二）	聖寿院徳長	屋形（大原氏）安堵下知状あり
⑩法輪院田	応永三年（一三九六）	大原満信	地積異なるもこれに相当するか？
⑪千部経田	永享一〇年（一四三八）	大原持綱	先祖追善のため
⑫村居田新田	弘安八年（一二八五）	某	大原荘地頭。大原氏か？

が、それ以外の「寺領」も存在することに注目したい。この「寺領」とは、観音寺がかつて「公方」と認識する領主的な存在から寄進された土地の固まりなのである。この時代の観音寺は、領主でありかつ「公方」である大原氏に、必要があって、領主からの寄進地を申告する義務を負っていたことになる。

指出と惣帳の成立

筆者はかつて、「寺領注文」が指出とされていることに注目し、この時代の指出をひろく探索して検討した結果、それは寺社や村落などの団体が、領主に安堵を求めて申告する「合意の回路」であることを論じた（前掲湯浅『中世後期の地域と在地領主』）。この指出を受けるのが「公方」＝領主であったことになる。逆に言えば、この時代は、多くの階層から土地が寄進されるなかでも、「公方」からの寄進を、明確に認識していたことになる。

それは「公方」からの土地が免田（免租地）など団体に有利な土地であったこと、「公方」の安堵を引き出す貴重な回路であったこと、などを意味していよう。

ところで、指出が成立した一五世紀半ばとは、百姓ら一般の寄進にとっても一つの画期だった。それはこの時期に前後して、観音寺の寄進地の総体を示す帳簿が作成されていることに示される（「仏田目安」「仏田目録」「諸講説帳」「惣帳《そうちょう》」など）。これは寺院が寄進地を管理する際に、逐次照合するための帳簿であり、その成立は観音寺への寄進が一つのピークに達したことを意味している。

大原観音寺への百姓らの寄進が惣帳（総合的な帳簿として象徴的な名前である）に、そして「公方」からの寄進が指出に結実した時代、それが一五世紀の半ばだったのである。

寄進と権力、保障と分配

この章の最後として、あらためて寄進と権力の関係についてまとめておくことにしよう。ここまでみてきたように、寄進による富の再分配により、有徳人や武家領主がおもに寺社を通じてある種の権力を構築していた様相が明らかになった。あらためて問いたいのは、その富の再分配の独自なあり方である。また、守護や荘園領主など、既存の権力との関連についても考える必要があるだろう。

寄進と勧進

そこで寄進行為の性格を探るために、まず勧進《かんじん》との関係についてみておきたい。勧進とは「一紙半銭《いっしはんせん》」、つまりごくわずかな額の喜捨《きしゃ》をひろく世間に乞《こ》う行為として、寺社や橋梁の造営などに用いられる中世的な集財システムで、寄進と類似性がある。しかし寄進の方が土地やまとまった物品が多く、勧進は土地の獲得にはなじまない。その多くは、文字どおりわずかな銭や物品の獲得に用いられている。

具体的にみてゆこう。さきにみた大原観音寺の寺観の初期整備の際、勧進と寄進が相互にもちいられていた。寺の敷地や基本となる寺領が、領家や地頭から寄進される一方で、堂舎や経典は寺僧らによる勧進で整備されていった。

こうした区分は、惣村の寺社における寄進でも同様で、近江国の大嶋《おおしま》・奥津島《おくつしま》神社（近江八幡市北津田町）では文保二年（一三一八）、拝殿の造営が村人らの勧進により行なわれた。この時、領主である延暦寺は、修理料田一反を寄進している（『大嶋奥津嶋神社文書』）。

延暦寺は、村人による勧進で土木の功が遂行されるのはよいが、修理の料田がなければ破壊の際に困るとし、寄進が「山上天下の安寧、且つは国内荘保の豊熟のため」であるとする。ここからは、領主が地域で成立した公共性の高い寺社のメンテナンス、長期にわたる維持について、要望され期待される存在であることがわかる。これは、領主に対するいわば下からの再分配の要求である。土地の寄進は、まさにこれに答えるための行為であったわけである。

領主の危機管理と寄進

そして、いったん危機に陥ると、領主への再分配への要求度はさらに高まる。応永九年（一四〇二）、折からの大風により観音寺の塔婆《とうば》・坊宇《ぼうう》が破損したことを受け、観音寺の「本寺」である山門東塔北谷禅林院《さんもんとうとうきただにぜんりんいん》は、大原氏に対し「領主の沙汰」として寺へ合力《ごうりき》し、かつ「有縁の檀越《だんおつ》」を勧誘して修造にあたるよう要求している。その際には、非分の課役の賦課が厳しく戒められている。つまり、非常事態に際しては堂舎修造も、領主の責務とされているのである。

この時の大風では、南近江の蒲生郡《がもうぐん》や愛知郡《えちぐん》でも多くの堂舎が倒壊したものとみられ、いくつかの神社の再興の棟札《むなふだ》が残されている。そこでは造営料の半分が「領主」に要求されている。危機管理となると、領主の役割は増大するのである。

永享十年（一四三八）のことだが、美作国の武家領主後藤良貞《ごとうよしさだ》は、自らの支配する塩湯郷《しおゆごう》（岡山県美作市湯郷）に掟を発布し、「諸社造営」について、百姓が下地《したじ》を持ちながら「無沙汰」することを憂い、毎年「興行《こうぎょう》」すべきであること、また「諸寺庵《じあん》幷堂舎・辻堂《つじどう》」についても「興行」を謳《うた》っている。後藤氏の場合も、平時・危機とも、あわせて寺社の「興行」＝維持管理・メンテナンスが不可欠であった（『美作赤堀文書』）。

「公方」の寄進の意味

ここでふたたび「公方」に注目しよう。鎌倉時代末期の上野国の長楽寺でも、時々に「公方」の安堵が目指されていた。この場合の「公方」は、幕府あるいは得宗権力である。しかし、この地の有徳人の大谷道海の方も、「公方」からの安堵を引き出している。

室町時代の近江国の大原観音寺の場合は、より身近な荘園領主と武家領主が「公方」と意識され、その寄進地が安堵の対象となっていた。さきにみたように、これは寄進された側が、領主を「公方」として明確に意識していたことの証拠である。

では、なぜ「公方」の安堵が、あらためて必要とされるのだろうか。それは権力に寄進地を認識させることにより、寺院やその関係する人びとが、「公方」の庇護を期待することができるからであろう。その要求の基盤となるものが「公方」から寄進を受けているという事実、あるいは「公方」からの安堵（認定）だったのである。

安堵を寄進と読み替える

さらに寄進地の「安堵」の意味について考えてみよう。室町時代の著名な法華宗の僧侶日親《にっしん》は、寄進と安堵の関係について興味深い記述を残している。

永享十年の「折伏正義抄《しゃくぶくしょうぎしょう》」によれば、熱心な法華宗信者であった下総千葉氏が内乱で没落し、新たに信徒ではない領主に交替した際に日親は、自らの属する寺院中山法華経寺は、新たな領主からの安堵を拒否すべきであるとして、つぎのような主張を展開する。「安堵を受けることとは、師匠と檀那の間柄でなされるべきものであり、他者の建立した寺院を安堵することとは、安堵した領主が、その寺院の檀那になることに等しい」と独自の論理を展開したうえで、つぎのように述べる。

俗家知行せらる、処は本《もと》より俗人領主也、寺社の知行は則《すなわち》、公分の御寄進なり、国主、将軍、大名、小名などその領主檀那たらば、知行すべき法則なり。

この部分は、「俗人が知行するところ（を安堵すること）はもとより俗人が領主である。（同様に）寺社の知行（を安堵すること）は、すなわち「公分」（公方）からの寄進ということを意味する。国主（天皇か）や幕府の将軍、または大名や小名が檀那となれば、彼らが（領主となり）知行することは当然である」となろう。

なお原文は「公分」とあるが、それがすぐ後段の国主以下の支配者を指すことは明らかで、それは「公方」に等しいと考える。つまり寺社の領地を安堵することは、「公方」が寄進したことに等しい、という論理がここにはみられる。日親は、檀那でもないあらたな領主（公方）が、法華経寺の寺領を安堵することを公方の寄進ととらえ、帰依をともなわない安堵＝寄進として厳しく拒否するのである。ここからは、「公方」の名における「安堵」が、寺社にとっては「寄進」に読み替え可能な行為であることがわかる。

安堵と寄進の見返り

安堵・寄進の見返りとして、「公方」は相手の寺社から徴用（銭や人足を徴発すること）を行なうことができた。さきに安東氏一族が和泉国久米田寺から借用を行なっていたことをみたが、安堵・寄進の見返りであった可能性が高い。というのも大原観音寺の場合、「公方」大原氏が寄進のあとに、度重なる徴用を行なっているからである。観音寺は度重なる徴用を難儀として非難をしはするが、徴用そのものを否定していない。

また永享五年には、大原氏は観音寺から二〇貫の銭を借用するが、観音寺からの反銭《たんせん》徴収を免除することで帳消にしている。興味深いことに、この免除の行為を大原氏は「寄進」と称している。観音寺の側はこれを、大原氏から「天役《てんやく》」（反銭のこと）を二〇貫で買ったと認識している。つまり、観音寺は銭を出して大原氏の反銭を賦課する領主権を、買い取ったことになる。

ここに両者の関係が端的にあらわれている。権力による安堵にせよ、または借用などの徴用にせよ、それを寄進という行為に置き換えることで贈与の関係を作り出し、そこに見返りを要求していることになる。領主の側による巧妙な関係の構築である。寄進はそこに関わる者たちにさまざまな関係を構築し、贈与の論理により、お互いの双務的な利益を生み出していたのである。

戦国大名の安堵と寄進

こうした権力と寄進の関係は、戦国大名の時代まで確認できる。戦国大名が既成の寺社に寄進を行なっていることは、どこの地域でも確認できるが、じつは「新寄進」という名目でしばしば寄進地を安堵している。これはまさしく、さきに確認した大名による寺社への贈与であり、安堵と同義語であると言える。

たとえば若狭国武田《たけだ》氏《し》は、家臣の寺社への寄進地については、これを安堵しながら、その田地が他者から没収の危機にさらされると、「新寄附」と称して自らの寄進を前面に押し出してこれを安堵する。武田氏は、家臣たちにはその「給分《きゆうぶん》」を安堵し、寺社については「寄進・寄附」として安堵がなされていた（松浦義則「戦国大名若狭武田氏の買得地安堵」『福井大学教育学部紀要社会科学』四〇による）。

つまり大名・領主など「公方」は、寺社の所領を安堵することで、何ら新たな物件を与える必要なく、寄進という行為を発動することができ、そのことにより新たな役の賦課という支配関係を構築することができたのである。

既成の権力にとって、寄進とはこうした「魔法の杖」としての側面を確かにもっていた。権力による再分配も、安堵を介することにより役負担を発生させる。ここにも贈与・預託を基本とした権力の巧みな論理をみてとることができるのである。

寄進をめぐる結社の成立

寄進の深化と矛盾の拡大

寄進のさらなる展開

さきにも述べたように一五世紀、室町時代を迎える頃になると、寄進行為は地域の寺社でひろく行なわれるようになる。その要因はいくつかあるが、まず仏教信仰が地域に浸透することがあげられるだろう。民衆の願望に沿った祈禱や、葬送への関与などが、この時代以降に地域に行きわたる。また戦乱や、飢饉のさなか、寺社があらゆる意味で財産や人間の預託先、避難所になってゆくことがあげられる。

備前の湊町牛窓《うしまど》（岡山県瀬戸内市）にある法華宗《ほっけしゅう》寺院本蓮寺《ほんれんじ》には、多くの寄進状や売券《ばいけん》が伝えられているが（『本蓮寺文書』）、一五世紀半ば本蓮寺に帰依《きえ》していたのは、大檀那《おおだんな》の石原氏という有徳人《うとくにん》の一族であった。石原氏は、当時の瀬戸内海の物流をうかがえる重要史料『兵庫北関入船納帳《ひょうごきたせきいりふねのうちょう》』にもみえ、瀬戸内海航路を周航する船を所有する豪商である。海運業に関与して得た富で土地を取得し、本蓮寺に寄進している。他にも道見という船頭も土地を売っているが、彼も有徳人であろう。

ところが、一一年にもわたった応仁《おうにん》・文明《ぶんめい》の乱（一四六七〜七七）頃を境に、湊の一般の住民たちの寄進・売買が目立ってくる。その際に目に付くのは、自身や父母、親類縁者の追善のための寄進である。

追善供養が中世の一般人に受容されるのは、およそ一五世紀の末とされている。そこには代々の先祖の菩提《ぼだい》を弔おうとする住民層の家の形成がある。この頃までには、有徳人だけでなく、馬場《ばば》氏や神谷《かみや》氏といった牛窓の住民層の帰依がみられる。またこの時期には、本蓮寺の裏山に墓域が整備され、本蓮寺は追善と死者供養を担う本格的な地域の寺院となってゆく。こうしたことが、寄進がさらに深く中世に浸透してゆく大きな契機となっていったのである。

近江国坂田郡《さかたぐん》の成菩提院《じょうぼだいいん》（米原市柏原）には、天文《てんぶん》三年（一五三四）の「年中雑々《ざつざつ》」という帳簿が残されているが（『成菩提院文書』）、そこでは「諸寄進霊供田《れいくでん》」のことについて、

「寄進之名帳《みょうちょう》」が作られている。この帳簿に記載された者は三十三年忌までは個別の霊供（供養）が受けられるが、これを過ぎた者や往古の寄進しかみとめられない檀那、また田地の寄進はなく銭一貫文のみの寄進者については、「惣霊供」（おそらく万霊供養《ばんれいくよう》のようなものであろう）で廻向《えこう》することが記されている。つまり供養を願う寄進者をランク付けして対応しているわけであり、ここに寄進者の増大が認められる。

ただ、同時に「年中雑々」には、「度々乱《たびたびのらん》」、つまり戦乱に際して預かり物が多く、それを目当てに軍勢や強盗が寺に乱入している様が描かれ、寺が物を預かることを「寺院破滅の根源」として禁止している。物を預かることについては、同じ近江国堅田《かただ》（滋賀県大津市）の真宗《しんしゅう》寺院本福寺《ほんぷくじ》に伝わる、戦国時代の記録である「本福寺跡書」にも、有徳人の徳として描かれている善行の一つだが、そうした避難所としての預託行為が、紛争を招く事態となっている。寄進や物の預託の増大にともない、こうした贈与を受けることの負の側面もまた、増大しているのである。

寄進をめぐる「在家の法」

そこで今度は、寄進（預託）する側の論理についてみてみよう。まず鎌倉時代の浄土宗《じょうどしゅう》の僧侶良忠《りょうちゅう》の例に注目したい。良忠の弟子良心《りょうしん》が撰した「授手印決答受決鈔《じゅしゅいんけっとうじゅけつしょう》」によれば、下総国にあって良忠は、荒見《あらみ》弥四郎《やしろう》なる武士から一町五反の田地の寄進を得、さらに三町の寄進を約束された。良忠はさらなる寄進をあてこんで堂舎や坊地の整備を行なっていたが、「下種」（播種《ばんしゅ》＝田植え）の時期となっても一向に寄進がない。

これについて、身近にいる蓮光房《れんこうぼう》という「所《ところ》の名主分《みょうしゅぶん》」の人が言うには、寄進には「出家の心」とは異なる「在家《ざいけ》の法」があるという。寄進を受けるには、寄進する相手に酒を飲ませて引出物を与える、という作法が必要であるという。

そこで良忠はさもありなんと、関係する「地主」や「政所《まんどころ》」に酒肴と相当の銭を与えたが、最後には今年は「アキ」がないと、寄進を拒絶されてしまった。ここに至って、良忠は田舎の人は盗人だと恨んだ、というのである。

この逸話からわかるのは、贈与行為としての寄進には、反対給付としての見返りが陰に陽に存在し、寄進する側がそれを「在家の法」として当然のものと見なしていたという事実である。こうしたことは、ふつうの寄進状などからはうかがい知れないが、お互いの行為をしばる慣習、中世の言葉で言えば「大法《たいほう》」（在地の法）として存在していたものである。良忠は、これに準拠して返礼（反対給付）を行なったにもかかわらず、寄進がなされなかった。これは明らかに慣習法に対する「契約違反」ということになる。

しかし、すべての寄進がこうした反対給付をともなうものである、と言い切ることもできまい。とすると、返礼を与えない寄進行為とは、被寄進者にとっては、いつ破棄されてもおかしくない不安定なものとなろう。また同時に、寄進者の権利がそこに強く反映されている場合が想定できる。

さきに、悔《く》い返《かえ》しによる寄進地の不安定さを指摘したが、その際にそれを回避する方法として指摘した、寄進に売買を重ねるという「売寄進《うりきしん》」とは、この返礼と同じ意味を持つことになることにも注目しておきたい。

こうした寄進地をめぐる不安定さは、この時代、寄進の拡大に比例して増大していったとみられる。それは、一つは「もののもどり」とされる現象として、もう一つは、それへの対応としての「在地徳政《ざいちとくせい》」として表出する。

「もののもどり」と「在地徳政」

中世には永代（永久）売買の観念が希薄であり、物件が「もどる」ことを前提とした売買の形態が存在していたことはよく知られている。「徳政」は、こうした「もののもどり」を前提としているが、この時代には幕府や大名の発布する徳政令から、在地における局地的な「在地徳政」、土地一片についての個別的な「もののもどり」まで、多様な土地の取り戻し欲求が存在している。これらの欲求が、寺院の寄進地に対しても脅威となっていたのである。

「もののもどり」や「在地徳政」に対しては、さきにみた「売寄進」が一つの対抗措置になるが、さらには地域社会での組織的な対応が注目されている。たとえば、「徳政衆」と呼ばれる土豪の連合組織が礼銭の取得により、徳政を抑制する伊勢国一志郡小倭郷《いちしぐんおやまとごう》の成願寺《じょうがんじ》領の場合や、また近江国甲賀郡《こうかぐん》の「甲賀郡中惣《こうかぐんちゅうそう》」による徳政回避の例が知られている。

とくに伊勢の一志郡では、土豪たち自身が成願寺へ多数の田地を寄進しており、成願寺の寄進地が、この措置により維持されている。しかし全体としてみれば、一五・一六世紀の地域社会で、土地の所有が不安定化していたことは明らかである。

仏物・神物の変質

これに加えて、この時代には、長らく寺社の寄進地・所有地を保護してきた「仏陀法」の変質が指摘されている。笠松宏至は、一五世紀半ばに「仏陀法」が支えてきた「仏物・神物」が「人物」の浸食を受ける、という重要な指摘をしている（前掲笠松『日本中世法史論』・『法と言葉の中世史』）。

笠松によると、文安《ぶんあん》三年（一四四六）の若狭太良荘《たらのしょう》では、「田舎の大法は、神社仏物をきらわす徳政にやふり候」として、荘民《しょうみん》が東寺《とうじ》宝蔵《ほうぞう》の造営米の納入を拒否したという。これは、東寺の賦課を仏物とみて、徳政の論理によりそれを拒否する、という事態であろう。つまり以前は徳政に対抗し、百姓らの権利を擁護していた「仏物・神物」を、逆に「仏物＝東寺《とうじ》」の押しつけの論理であるとして否定している。一種のレトリックとして提示されていると解せる。

従来と逆行する論理が、荘園の百姓から発せられていることは重要である。甲乙人《こうおつにん》（一般人）としての百姓らにおける「人物」が、「仏物・神物」の持つ意義を浸食し、否定していることになるだろう。

これを裏付けるように、惣村《そうそん》で著名な近江菅浦《すがのうら》で、この動向を確かめることができる。文明十五年（一四八三）の菅浦惣の置文《おきぶみ》では、紛争時における家の存続の規定に関して、寺庵《じあん》の「仏物」を保護する規定をとくに設けている。これは、逆にこの規定を破棄する力が、内部に強く存在していたことを示していよう。おそらく惣村内部の寺庵の「仏物」として集積されていた富を、どのように分配するかという問題が、「人」（つまりは家）の参入により、深刻な矛盾として意識され出したことのあらわれであろう。

ここにも、寄進に抵抗する力が存在していることを、確かめることができる。

シビアな中世後期の社会

ところで、一五世紀半ばより一七世紀前半までの時代は寒冷化が厳しく、社会環境も非常に厳しい時代であったことが指摘されている（峰岸純夫『中世災害・戦乱の社会史』、藤木久志『飢餓と戦争の戦国を行く』による）。天候の不順と災害・飢饉により、地域の生活環境は悪化していった。惣村や寺社は、山野の用益や用水など、限りある資源の確保をめぐる熾烈な競争のもとに置かれていた。

中国史の岸本美緒は、資源が限られた競争社会においては、個と全体との緊張関係のなかで所有権の基礎付けを行なおうとする意識が生まれると指摘している（岸本美緒「土地を売ること、人を売ること」『比較史のアジア』による）。これは、日本のこの時期における、寄進や売買により蓄積された富である土地の問題として考えることもできるだろう。そこでつぎに、寄進をめぐる「結社」の形成、という視点からこの問題を考えてみることにしよう。

寄進をめぐる僧の結社

結社とは何か

一五世紀の半ばとは、地域社会における各種の団体が、その存在をくっきりと際だたせる時代である。とくに畿内とその近国では顕著となる。ここではそれを「結社」の成立、という視点からみてみよう。

「結社」とは、学問上では「中間団体」「アソシアシオン」などと呼ばれ、共通の目的のもと継続的に営まれる集団を意味しており、かつ法人格を持つような団体のことである。それは外部の権力に対抗する面を持つと同時に、構成員の内に対しては一つの権力として、その私権を抑制するという二面性を持っている。

「一揆《いっき》」が武士のみでなく、土豪や百姓らによっても結ばれ、かつ相互に結びついて文配領域を作る「惣国一揆《そうこくいっき》」、その内部にある惣村や惣荘、また信仰のもとに結集した教団やその下部組織、一向一揆《いっこういっき》や法華一揆《ほっけいっき》とその配下の村々などのことを念頭に置いている。ここでは寄進との関連で、寺社を核としたものや、惣村におけるその動向についてみてゆこう。

大原観音寺の坊

すでにしばしば取り上げている近江国坂田郡の大原観音寺について検討したい。大原観音寺《おおはらかんのんじ》に関わる寄進の動向については、「公方《くぼう》」である大原氏一族と百姓らの場合があることをみたが、もう少しくわしくみておこう。

一四世紀半ば、南北朝時代の観応《かんのう》・文和《ぶんな》年間（一三五〇〜五六）頃から、観音寺がある大原荘域を超えて、坂田郡の各所から土豪・百姓らによる寄進がひろく行なわれるようになる。また、ほぼ同じ程度の売券も集積されている。その多くは一〜三反ほどの耕地で、年貢などの諸役負担義務が記載された地主得分である。

寄進状と売券を整理してみると、ある相関関係をうかがうことができる。それは、一五世紀を中心として、百姓・土豪らが田畠を僧侶に売り、それを僧侶が観音寺に寄進する、という動きである。観音寺の僧侶は、実際は観音寺を構成する最大二三もの「坊《ぼう》」に所属しており、坊の集合体が観音寺の実態であった。

この坊を介して観音寺に寺領が集積されており、坊は在地に立脚している存在である。僧侶の大半は在地の住民であり、坊はその拠点である。観音寺の境内にはこの坊が林立していたとみられる。坊は地域と寺院を仲介する存在だったことになる。

惣の符箱と惣方

観音寺に集積された寄進状などの証文は、「惣之符箱《そうのふばこ》」「大符箱《おおふばこ》」と言われる箱に収納されていた。このことが確認できるのは、後述するように一六世紀の大永《だいえい》年間（一五二一〜二八）であり、はじめからそうであったわけではない。坊の僧侶が寺家にさらに寄進することで、その関係文書も当然寺家の管理下に置かれることになる。

その文書の流れを確認することは、現存する史料からは難しい。しかしたとえば、大永五年（一五二五）に一乗坊円慶《いちじようぼうえんけい》という僧侶が作成し、観音寺へあてた預け状には、つぎのようにある（史料は書きくだした）。

我らの諸職のこと、申し置き候のごとく、惣方として堅くご異見、肝要たるべきもの也、証文はいずれも惣の符箱へ預け申し候上は、お見分け候てお渡しあるべく候、

円慶は、自らの田畠（諸職）を観音寺（惣方《そうかた》）の管理下に置き、かつその寄進状などの証文を惣の符箱に預けたのである。ここに、坊の文書が惣有化（共有化）される流れが確認

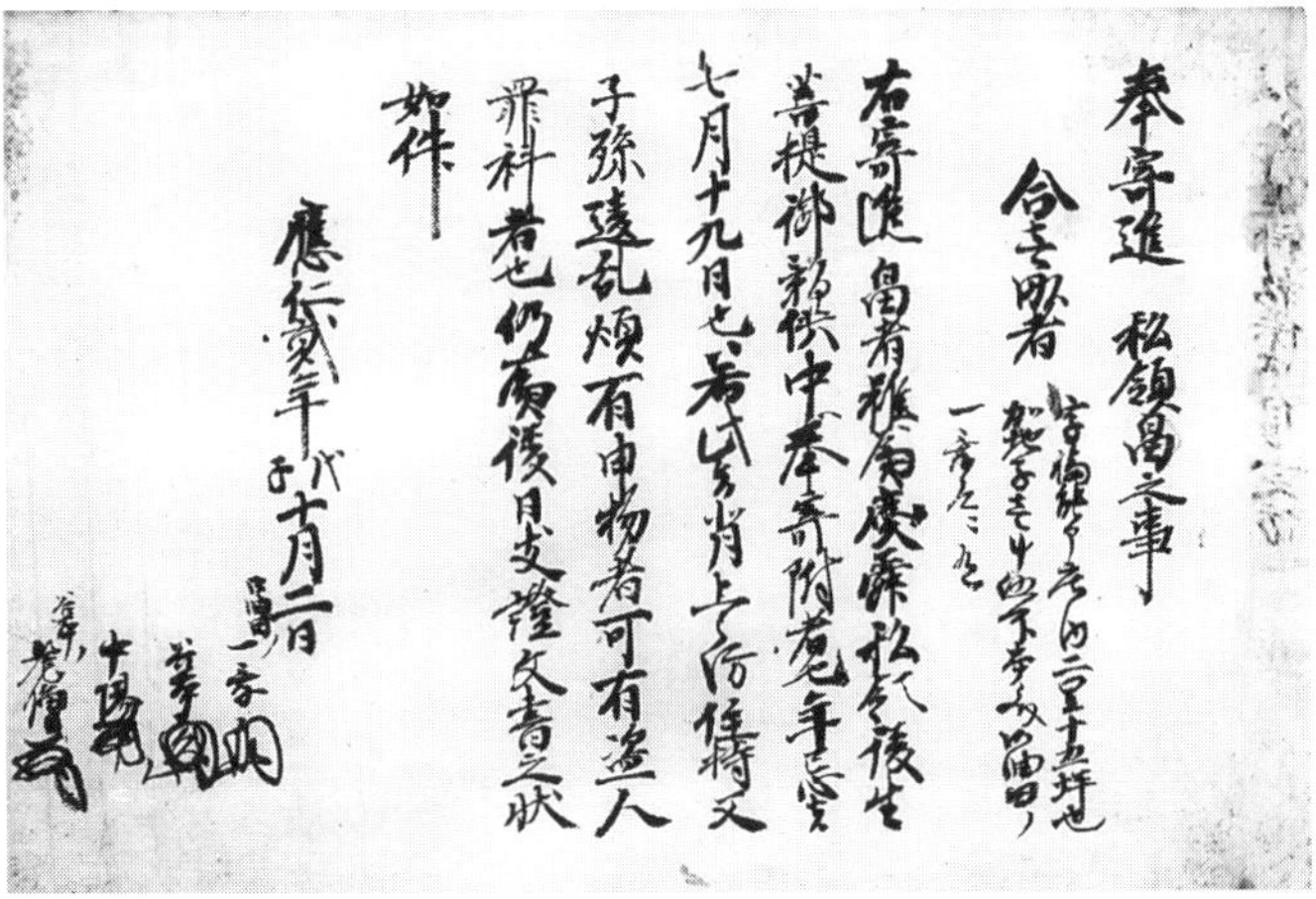

図12　一乗坊他連署寄進状（『大原観音寺文書』大原観音寺所蔵）

できる。寺家（観音寺）が「惣方」と称されていることも興味深い。まさに団体としての「惣方」こそ、坊の集合体そのものだった。

こうした土地の集合が、いつから形成されていたかを示す史料は残念ながらないが、観音寺の寺領の全体を示す目録＝惣帳が作成されだした一五世紀半ばから末にかけて、除々に進行したとみられる。またこのことにより、寺家の「惣方」化、すなわち団体としての「結社」化が促進されたものと考えられる。

本尊の権利能力

ここで注目したいのは、これと平行してあらわれる本尊《ほんぞん》なる存在である。観音寺の本尊についてて述べる前に、中世における「本尊の権利能力」というものについてみておく。

この「本尊の権利能力」とは、法制史研究の碩学《せきがく》中田薫が、戦時中の一九四三年に発表した論文の名前である（『法制史研究』第三巻）。中田は中世寺院の本尊が、法学で言うところの独立した権利能力を有するある種の法人格である、という指摘をしている。この論文のなかで中田は、本尊に物件が寄進されることをその証左の一つとしているのだが、笠松宏至はこれをうけて、例の「仏物・僧物・人物」という論文で、本尊への寄進こそ「仏物」を創り出す象徴的な行為である、としたのである（笠松『日本中世法史論』・『法と言葉の中世史』）。

笠松は、中田が論じた永享《えいきょう》三年（一四三一）の河内金剛寺《こんごうじ》（大阪府河内長野市）の例からこのことを指摘する。この年、金剛寺の「満山衆徒《まんざんしゅと》」が衆議により、諸院諸坊が知行《ちぎょう》してきた「向山」一帯を、「寺家」の管領《かんれい》のもとに「本尊観音之御領」としたことを契機として、本尊への寄進状が出現する。笠松はここから、寺院の内部における院・坊や僧個人と対立する人格である「寺家」こそが、本尊の内実であった、とするのである。

強靱《きょうじん》な「仏物」の論理が本尊という人格を寺院に付与し、さらに寄進がなされる。こうした本尊とは、まさに宗教的な紐帯《ちゅうたい》を持つ中世独特の「結社」のあり方の一つ、とみることができよう。

本尊への寄進

『大原観音寺文書』には、観音寺の本尊として正中《しょうちゅう》二年（一三二五）に「塔本尊」がみえ、貞和《じょうわ》五年（一三四九）の規式置文にも「千手・不動は悲智の本尊」とある。現在の観音寺の本尊も千手観音であるから、当時の本尊もそうであろうか。

そしてこの本尊への寄進が、一四世紀末の明徳《めいとく》五年（一三九四）、夫馬郷《ぶまごう》の百姓らの寄進から始まる。その後は間があくが、宝徳《ほうとく》四年（一四五二）の僧聖恵《せいけい》の寄進状に再びあらわれて以降、応仁文明の乱をはさみ、永正《えいしょう》～享禄《きょうろく》年間（一五〇四～三二）の一六世紀前半に頻出し、後半の天文～永禄《えいろく》年間（一五三二～七〇）、すなわち戦国期に一つのピークを迎える。

全体におけるその比率を確認してみよう。一五世紀の下半期を例にとると、寄進総数三五件のうち九件が本尊への寄進だが、一六世紀では四四件のうち二四件が本尊への寄進である（売券でも本尊にあてたものが若干数あるが省略する）。このことから、大原観音寺の場合は、一五世紀末から一六世紀という時代こそ、「本尊の時代」ということになる。

では、本尊への寄進の本質とは何だろうか？　文明十一年（一四七九）の聖尊の寄進状には、「観音寺本尊の仏物たるべく候」とある。つまり、寄進者の「人物」「僧物」を「仏物」に変える行為こそが、本尊への寄進行為に他ならない。また寄進の目的は、「後生菩提」「忌日弔《とむら》いの為」といったものが多く、観音寺の本尊の宗教的な機能への期待が、寺僧を含んだ地域社会の人びとの間にひろく浸透していたことがわかる。

本尊領の売却

こうした本尊の機能は、けして観念的なものに止まらない。そのことを「本尊領《ほんぞんりょう》」の売却という行為からみてみよう。本尊に寄進された土地は、「本尊田」「本尊領」などとされる。『大原観音寺文書』のなかには、これを観音寺が売却する形式の売券が存在している。文明五年を初見として天文二十三年（一五五四）まで一五通ある（表3）。これは本尊への寄進のピークとほぼ重なっている。つまり観音寺（の寺僧ら）は、本尊へ土地を集積しつつ、かつそれを売却していたことになる。

この売券群をみると、売却先（宛所《あてどころ》）が銘記されないケースが約半数もある。このことは、売券が発給の主体である観音寺側に蓄積されていることともあいまって、売買がなされなかったという推測を導くが、そうではあるまい。

というのも、表3のうち⑫の例だが、ここには「一期の後は、御本尊へ還すべきものなり」とあることから、買った者から返却された物件である可能性があるからである。そこでさらに⑥の例につき、三点の史料を掲出してみよう（史料は書きくだしにして、ふりがなをふった部分がある）。

〔史料1〕

（端裏書）「観音寺　惣ヨリ売券」

売り渡し申す田地新放券文の事、

合わせて壱段てえり（中略）

右、くだんの田地もとは、観音寺仏田たるといえども、要用あるにより能銭拾（十）貫文に祖文《そぶん》に売り渡し申すところ実正《じっしょう》なり。ただし何時も御沽却《こきゃく》そうらはば、本銭返《ほんせんがえし》に買い返し申すべき約束なり、万一この下地《したじ》において、煩《わずら》いごと出で来りそうらはば、惣として裁判《さいばん》つかまつりそうらいて、まいらすべくそうろう、しかる上は、後々末代《のちのちまつだい》子々孫々をへるといえども、違乱《いらん》・煩い・他の妨《さまた》げあるべからざるものなり、よって後日のため証文の状、くだんのごとし。

永正参（三）年丙寅十二月十三日

売り主　観音寺院主　慶済（花押）

公文《くもん》　慶智（花押）

〔史料2〕

（端裏書）「祖文一筆」

買得者	署判者	売価
観音寺源慶	公文聖運・院主聖智	能米5石6斗5舛
——	公文聖慶・院主慶春	能銭８貫
——	公文慶俊・院主慶春	能銭500文・米５斗
——	公文慶智・院主慶春	能銭１貫500文
——	公文慶智・院主慶済	能銭10貫文
祖文	公文慶智・院主慶済	能銭10貫文
——	公文永源・院主慶運	能銭８貫文
小和泉宝蔵坊	公文聖翁・院主賢舜二和尚舜慶	能米５石
——	公文聖翁・院主賢舜二和尚舜慶	能米２石５斗
——	公文聖慶・院主賢舜二和尚舜慶ほか	能米２石
——	公文聖慶・院主賢舜二和尚舜慶ほか	能米７斗５舛
法泉坊	公文聖慶・院主賢舜年行事永源	能米１石
池之坊	公文円舜・年行事永源ほか	能銭１貫文
山王講衆中	公文聖海・院主賢祐年行事慶源	能米６石
宝泉坊	公文慶海・慶俊・年行事定円	能米7石4斗6舛

表3　大原観音寺による「本尊領」売券一覧

年　次	対　象	地　積	場　所
①文明5・5・21	仏田	1反小	上坂郷
②延徳3・3・29	仏田	半	福能部荘
③文亀元・12・5	本尊敷地	1所	観音寺法輪下
④永正2・6・21	仏田	1反	夫馬郷下西山
⑤同　3・12・7	仏田	1反	観音寺蓮池の南
⑥同　3・12・13	仏田	1反	観音寺前
⑦享禄元・12・5	本尊領	1反	福能部荘
⑧同　4・11・21	仏田	大	八条石丸
⑨同　4・11・21	本尊領	半	山室保石田荘
⑩天文元・11・1	本尊領	1反	？（経田）
⑪同　元・11・1	仏田領	1畝	宇御瀧前
⑫同　元・11・13	本尊領	1反	？
⑬同　3・2・4	本尊仏田	小	大原荘村居田
⑭同　22・2・吉	経田	1反	大原荘村居田
⑮同　23・11・25	鎮守本尊買得	大・大	山室保石田

観音寺大師講田《こうでん》、われわれ買い得つかまつりそうろう、始終《しじゅう》は寄進申し度《た》き心中そうろうといえども、万一術《すべ》、斗画〔兎角〕の事そうらはば、御本尊へ本銭返に売り申すべき約束つかまつりそうろう、しかる上は、本証文何《いづれ》へと失いそうらいて、持ち来り兎角申す仁躰《にんてい》そうろうとも、御もちいあるべからずそうろう、さそうろう間、我らにおいて聊《いささか》かも余人に申しつける子細あるべからずそうろう、よって後日のための証文の状、くだんのごとし。

永正参年丙寅十二月十三日　　　　祖文（略押）

〔史料3〕

（端裏書）「寺前寄進状　観音寺　祖文」

寄進たてまつる下地の事、

合わせて壱段てえり（中略）

右、くだんの田地もとは、祖文相伝の私領たるといえども、後生菩提の資糧のため、観音寺御本尊へ永代寄進たてまつるところ実正明白なり、しかるといえども、若し万一沽却あるについては、取り返し申し、他寺へ寄進すべきものなり（中略）。

永正六年己巳十二月十三日　　　　祖文（略押）

史料1によれば、観音寺による祖文への仏田の売却が本銭返しであることが理解される。祖文は観音寺の寺僧の一人であろう。本銭返しによる売却は、本銭に相当する銭を返却すれば物件が返却される、というものである。その意味で、質入れとほぼ同じ意味を持つ。つまり観音寺によるこの売買は、「本尊領」を担保にして、一〇貫文の銭を祖文から借用したことに他ならない。

そして注目されるのは史料2で、史料1と同じ日付をもつ祖文の証文である。祖文はここで、この田を買った経緯について、「本当は、寄進したい心中があったのだが、将来不測の事態がおこった時は、この田を本銭返しで観音寺に売る約束をしたのであるから、田を買うことにした」と述べている。

祖文が「寄進」したかったものとは、文脈から考えて、大師講田を買うために出した一〇貫文の銭のこととしか考えられない。祖文は、寺側が土地を担保として祖文から借りた銭を、本来は寄進＝提供したかった、ということになる。これは自らが所属する観音寺への融通行為に他ならない。

では、なぜ「寄進」しなかったのかというと、本銭返しで買い得することにしたので、いつでも仏田を寺へ返すことができるから、というのが理由であった。つまり、観音寺は本尊領を担保物件として、構成員から銭を借用したことになる。これが本尊領の売却の本質であったのである。

しかも史料3によると、この契約の三年後、祖文は取得した仏田を観音寺に寄進している。この場合は寄進であるから、銭を寺から返却してもらったわけではない。つまり、祖文は一〇貫文を供出し、さらに田を無償で寄進（返却）したことになる。この行為により、祖文は三年前の自らの意志を成就させたとみることも可能であろう。

ここからうかがえるのは、自らが所属する寺＝本尊に対する強烈な帰属意識であり、その存続に対するあくなき意志である。観音寺の本尊が、自立した権利能力を持つ法人格であったことが、ここからも理解できる。

融通としての寄進

こうした祖文の事例から、宛先が記されていない他の本尊領の売券の意味も推測することができる。これはおそらく、担保（質物）として用意された物件が、貸し主に渡らないケース（見質《みじち》という）に相当するものである。したがって、物件は観音寺の側を離れることなく、相手が銭などを観音寺に融通した。祖文を含めこうしたやりとりをする相手は、基本的には観音寺の「坊」の寺僧に限られている。つまりこれは、観音寺本尊への、その構成員による融通だったことになる。

さらに祖文は、自らの権利を「後生菩提の弔い」という「代価」により放棄している。祖文は本尊の持つ宗教的・信仰上の恩恵を受けることで「代価」に替《か》えたのである。ここには、ある団体とその構成員の間の贈与交換の論理もみえる。

本尊とは、その宗教的な機能により、自らを権利の主体として成り立たせている「結社」だった。ちなみに史料1の「端裏書《はしうらがき》」では、この売券を「観音寺　惣ヨリ売券」としている。つまり観音寺＝惣＝本尊であることも、ここから明らかとなる。

兄弟盟約による結社

惣つまり本尊の内部では、逆に本尊から構成員へ米銭の貸借がなされていた。永禄三年（一五六〇）や天正《てんしょう》元年（一五七三）の例によると、それは一年を限っては利息をとらない貸借だった。一年を過ぎた段階ではじめて利息が生じるという規約があった。これは、本尊による構成員への再分配を意味している。

さらにはつぎのような例がある。享禄三年（一五三〇）には、延命院《えんめいいん》聖慶《しょうけい》が本尊から買い得した土地を惣山《そうざん》へ寄進しているが、その耕地からの年貢が「老僧の寄り合い」「若衆の寄り合い」に納入されていた。寺僧らは、老・若という年齢階梯《ねんれいかいてい》的な組織を持ち、それぞれ「寄り合い」（寄合《よりあい》）を持っていた。さらに「老僧講」といった講を営んでいる。

また、「阿弥陀講《あみだこう》」「山王講《さんのうこう》」など宗教的な講もみられる。天文二十二年（一五五三）には、「惣方」が「山王講の衆中」へ土地を売却している。つまり、講という内部の組織と「本尊」が、内部で富のやりとりをしているのである。「結社」内部には、さらに複数の組織＝いわば「結社内結社」が存在し、そこに構成員が帰属すると同時に富も留保しているのである。いざという時には、これらの富を相互扶助として融通していたのであろう。そこでは寄進・本銭返し（質入れ）といった行為が機能していた。驚くべき組織の充実ぶりである。

利息なしの貸借関係については、岩井克人がマックス・ウェーバーの『法社会学』に依拠しながら、興味深い指摘をしている。岩井によると、「兄弟盟約」的な連帯によって成立している共同体（ゲマインシャフト）内部では、利子を取らない貸借関係が成立するという。いわく「友達からだれが利子をとるというのか？」（『ヴェニスの商人』）ということなのである（岩井克人『ヴェニスの商人の資本論』）。観音寺の惣＝本尊とは、まさにこうした共同体＝「結社」だったということになろう。

「在家の法」の制限へ

さきの祖文は、永正六年（一五〇九）に他の田地も本尊に寄進していた。その土地について、天文九年（一五四〇）に紛争がおこっている。ことの次第は、本尊側がこの田地を売却したところ、下村氏《しもむらし》という檀那がこれを

「違乱」だと称して買い返させた、というのである。この場合、本尊の行為が下村氏より咎められたのは、おそらくその売却が寺外の人物へのものだったからであろう。そこで、檀那であり、おそらく祖文の同族である下村次郎左衛門が介入し、田地をもとに戻させたのである。

寺院に寄進された土地に、本来の所有者である一族の、潜在的な影響力が残っていることはよくある話で、その一例である。さきほどみた俗人の論理ということで言えば、これも寄進にまつわる「在家の法」の一つ、とみることもできるだろう。

だがここで確認したいのは、本尊と構成員の「結社」内部の秩序が維持されている限りは、こうした「在家の法」があからさまに行使されることはない、という点である。ここに「結社」として寺院が目指すところがあらわれている。つまり「結社」は、自らの組織を強固にすることで、集積した物件を管理し、支配することを目指したのである。

ここまでくると、本尊＝惣という寺僧の組織が、ある意味で「権力」であることが理解できるだろう。

権力としての本尊・惣

本尊とは、内部において共和的な組織をいくえにも形づくり、その間で富の融通などにより構成員に富を配分し、保全する一方、本尊自体の存続のためには、その富の供出を求める。これは本尊という法人格が、まさに「権力」であるということを如実に物語る。この組織は、その存続をはかるため、外部の影響力を極力排除する、という方向性を持つのである。寄進という行為が媒介した、地域社会における「権力」の一つの形態と評価できよう。

僧の結社と領主・大名

寄進をめぐる負担と紛争

つぎに、「結社」と地域権力との関連をみておこう。寄進された土地には、年貢や公事《くじ》など従来からの負担がつきものだが、その負担をめぐってしばしば紛争がおこる。ここではまず大永六年（一五二六）に観音寺のある大原荘夫馬郷でおこった、寄進地への反銭《たんせん》の賦課をめぐる一連の事件をとりあげてみよう。

この事件に関しては、寺の関係者が後日のために記した備忘録である「置文」が二点残っている。それによる事件の顚末はこうである。

十一月十六日に、「公方」である「大原五郎」から反銭が夫馬郷に賦課され、観音寺の

「節田《せつでん》」（節句儀式を賄うための田）からも徴収されそうになった。そこで夫馬郷の百姓衆のとりなしが入り、寺から出てきた使節（使い）の機転により、観音寺の「大符箱」に保管されていた寄進関係の文書（証文）が照合され、「節田」には反銭が賦課されない約束であることが確認されたので、このことを末代まで記しておく、というのである。

ここからは、反銭を賦課する「公方」である領主、観音寺の寺領からの反銭の徴収を拒否するため奔走《ほんそう》する村落の百姓と寺僧らの姿が、鮮やかに浮かび上がってくる。

「公方」による反銭の賦課

領主により郷村や寺領に反銭が賦課されるということは、観音寺の「結社」にとっても重大な局面である。この時期の「公方」「大原五郎」とは、大原荘の領主大原氏の一族ではなく、佐々木《ささき》京極《きょうごくし》氏の庶子の一人である京極高慶《たかよし》である。応仁文明の乱を経た一六世紀初頭、観音寺のある湖北（北近江）では、半国守護《はんごくしゅご》でもある京極氏が台頭し、京極高清《たかきよ》の跡目争いと、浅井《あさい》・浅見《あさみ》・上坂《こうざかし》氏ら家臣の内紛もあいまって一族が分裂する。その一方が高清の子の京極高慶である。

当時、大原氏は応仁文明の乱で西軍に与同した咎《とが》で、将軍足利義尚《あしかがよしひさ》から知行をいったん没収された結果、いくつかの分流に分裂していた。そのうちの一派に京極氏の高慶が入って大原氏の名跡を継いでいた。大原五郎（高慶）は尾張に逃れていたが、大永三年に北近江に戻り河内城《こうちじょう》（猪鼻城《いのはなじょう》とも。米原市梓河内）を築城する。そして対立する浅井氏らに対し敵対宣言をした直後、この反銭が賦課されたのである。その賦課率もかなり高額で、軍費の確保などを目指した強硬な賦課だったと考えられる。

寄進証文の照合

夫馬郷に賦課された反銭は、郷内の観音寺の寺領も当然対象となると「公方」は考えた。しかし観音寺側は、以前から反銭などの諸役の賦課については、寺領全体を免除地として申請することで免れてきたのである。その申告簿こそが、さきにみた指出《さしだし》だった。大永六年も、じつは十一月十三日から十五日にかけて指出が提出されていた。まさに夫馬郷に賦課された十一月十六日の直前である。

指出を提出したにもかかわらず強行された観音寺の寺領への反銭賦課に対して、寺僧や夫馬郷の百姓がとった措置が、大符箱を開けて領主側と寄進地の証文を逐一確認する、ということだった。おそらく百姓衆が寺の使いとともに、領主側の徴収使をとりなして観音寺にいざない、ともに箱を開け中身を確認したのであろう。その結果として、わずかばかりの礼銭の支払いで済み、反銭は免除されたのである。

百姓と寺僧の関係

ではなぜ、夫馬郷の百姓衆は、自らの賦課は受け入れながらも、寺の賦課は免除させたのだろうか。夫馬郷は、観音寺が所在するまさに膝下の郷であるから当然だとも言えるが、もう少し具体的にみておこう。

夫馬郷はもともと「夫馬一色郷《いっしき》」と呼ばれ、本来は領主免田《めんでん》が設定されている郷で、観音寺の寺領免田もその一つだった。そのうえで、百姓が集団で行なう土地の寄進が南北朝期以降、一六世紀初頭まで断続的に行なわれる。たとえば明徳五年（一三九四）正月に、夫馬郷の「七人名主」が七反余の田を観音寺本尊に寄進している。

注目されるのは、応永《おうえい》十五年（一四〇八）十二月に百姓らが、明徳の時に寄進した七反余の田の「夫馬郷百姓天役」を寄進していることである。「天役《てんやく》」とは、田地に懸かる反銭のことであり、明徳の寄進以降、観音寺が支払っていた反銭を、これからは百姓らが支払う、という意味にとれる。このことから、観音寺への寄進田が反銭（天役）免除の地であることがわかる。

また、外部からの賦課の肩代わりを〝寄進〟と称していることも興味深い。さきに安堵と寄進の関係をみたように、他の行為を寄進と読み替えることが、ここでも行なわれているわけであり、寄進という行為のひろがりを確かめることもできる。

この点は、明応《めいおう》十年（一五〇一）正月の、百姓らによる寄進にもうかがえる。この寄進では「夫馬之節田公事米」二石が寄進されている。寄進状には、「事が盛りに候により、申して給わり候、御本尊の御事候間、重ねて先例のごとく寄進申し候」という文言がある。これは、百姓らが一度は給わった「公事米」を、本尊のことがあるので重ねて寄進する、というものである。解釈がなかなか難しいが、「節田」とは節＝節句の儀式を賄うために設定された田であり、節の儀式を行なうために百姓へ投下されていた「公事米」を今後は返上する、という意味にとることができる。ここでも返上することを寄進としているのである。その理由が「御本尊の御事」とあるが、これは本尊＝結社の利益のために、という意味であろう。このことについては、他の例とともに、その意味を後に検討したい。

以上から、観音寺と夫馬郷の百姓らが非常に近しい存在であったことがわかる。とくに、節句などの儀式を通じて郷と寺が共同している。これも先にみた観音寺の年中行事における百姓らの立場に通じる。百姓らが寺領への反銭免除に奔走したのは当然だった。しかも観音寺の使いの一人「梅本坊《うめもとぼう》」と同じ「梅本」を名乗る者が、夫馬郷の百姓の政所（役人）にもいる。つまり百姓から寺僧となっている人びともいるということである。これらの意味において、夫馬郷の住人と観音寺は、まさに運命共同体だった。僧の「結社」は、地域に根ざしてもいたのである。

戦国大名浅井氏と結社

この本尊＝「結社」と権力をめぐる関係を、戦国大名浅井氏との関係を例にとり、みてみよう。湖北の戦国大名浅井氏は、京極氏を追放し戦国大名となるが、観音寺へは浅井亮政《すけまさ》が大永年間（一五二一～二七）、はじめて安堵状を発給している。その後の享禄二年（一五二九）に観音寺では院主慶運と二和尚賢舜の連署により寺内の掟が定められるが、主要な箇所を左に示してみよう（書きくだしにしてある）。

定め置く　当寺公方年貢米沽却のこと、

（中略）

一　御本尊に借銭・借米そこばくこれあるにより、此の如くに坊別へ御沽却これあるもの也（①）、

一　寺中においては、誰々なるとも御売徳〔得〕は御随意たるべきもの也（②）、

一　寺内を別に、他所へ御沽却においては、寺中として堅く押さえ申すべきもの也（③）、

一　か様の段、浅井備前守（亮政）殿へ仏田・坊領ことごとく落とし召し付けられて、さきに沽却これあり、のちのちにおいては、前々のごとく買い返し申すべきもの也

④、

（後略）

掟の各条文に便宜的に番号を付したが、まず注目したいのは①である。この段階で、「御本尊」に借銭・借米が発生している。これは法人格である本尊が、外部から借財をしていることを意味している。その原因は④から明らかとなる。浅井亮政（備前守）が、仏田・坊領を「落とし召し付け」ることによって発生したものである。この「落とし召し付け」とは、浅井氏が寺領を我が物としたと解釈できる。具体的には、寺領に多額の賦課が課せられることになり、「さきに沽却」した、つまりは、この賦課のために寺領を売却した、という意味であろう。戦国大名浅井氏が本格的に観音寺と寺領を把握することにより、観音寺の「結社」が危機におちいっていたのである。

結社の特殊な売買慣行

この掟は、こうした危機の打開を意図して制定されたものだが、それは①②③にあるように、「寺内（寺中）」の「坊」による寺領の購入による、という。これはさきにみた、僧らへの一連の売却、とくに祖文への「本尊領」の売却行為と同じものであり、寺内の土地を介した融通行為である。「結社」は、自らの構成員による融通を促すことにより、この危機を乗り切ることを意図していたと言える。

注目したいのは、構成員に限定した売却＝融通を奨励することとは裏腹に、外部＝「結社」構成員以外への売却を禁止している点である。現代人の感覚からすれば、売買は自由な経済活動として万人に開かれたものだが、中世の「結社」では内部に限った売買が行なわれており、それは一種の融通行為だったことになる。これもさきにふれた利子無しの貸借関係ともあいまって、「結社」の非常に特殊な慣行である。

しかし同時に確認したいのは、④にあるように、外部の権力である浅井氏の強制が、その売買＝融通を無力化させてしまっていることである。しかし同時に④では、他所に売却してしまった寺領についても、今後は買い戻すことを目的としており、慣行自体は存在し続けているとみてよいだろう。それゆえの寺内の売買慣行の確認であったのである。

さきにみた「本尊領」の売買＝融通が、文明年間以降より天文二十三年（一五五四）に至るまで行なわれ続けている事実が、このことを証明している。

浅井氏による請米の寄進

それでは、浅井氏による強制的な賦課は、その後どのような展開をみせたのだろうか。天文二十一年に興味深い史料が残っている。観音寺の二三坊の連署により、浅井氏に提出された契約状である。これは、まさに観音寺「結社」と浅井氏との契約をあらわしている文書である。

それによると、観音寺側は六三石余もの「請米」を納める契約となっていたことがわかる。これが「落とし召し付け」の中身であった。さきの掟の以前から、この米が観音寺に賦課され、その後に甚大な負債となったのであろうことは想像に難くない。

しかし、この時点でこの「請米」は、浅井氏自身によって観音寺に〝寄進〟されている。浅井氏の賦課は、この時点で停止されたのである。自らの賦課をやめることが〝寄進〟であった。これも寄進行為の汎用性《はんようせい》を意味していよう。

観音寺は、「惣山満足」し、見返りとして浅井氏のために「新儀仏所《しんぎのぶっしょ》」を建立している。「仏所」とは、浅井氏の菩提を弔う特別の廟所《びょうしょ》のことであろう。観音寺は、浅井氏の賦課を、「仏所」の建立という宗教的な機能と贈与交換したのである。宗教的「結社」の機能は、きわめて強靱で、大名の賦課をも贈与の対象とし、免除させてしまう。この行為も〝寄進〟と称されていることは、じつに興味深い。

「節」の寄進

同じような〝寄進〟の例をもう一つ紹介しよう。少しさかのぼるが享禄三年、京極高慶（大原五郎）は、観音寺に正月十八日の「節」を寄進している。高慶はさきにみたように当時、浅井亮政と対立する京極氏の庶子である。

「節」の寄進は、天文三年、大原荘内の土豪烏脇吉久《からすわきよしひさ》からもあり、その寄進状にはつぎのような文言がある。

観音寺十八日御節、惣山より種々ご迷惑の由、仰せられ候間、すなわち承る分、永代寄進をつかまつり候。

つまり、惣山（本尊＝観音寺）が迷惑しているので、節に関して「承る分」を永代寄進する、と言っているのである。観音寺側の強い意向により寄進させられたことになる。また、天文十年の水原氏家《みずはらうじいえ》の書状や、同十七年（一五四八）の井上貞次《いのうえさだつぐ》・坪田定清《つぼたさだきよ》の連署書状にみえる「正月節」を差し置くというのも、同様の事態であろう。そして天文三年には、例の夫馬郷の「七人衆」を名のる百姓らが、「正月廿日御節」を僧慶智《けいち》の要望により寄進している。

地域社会と結社

さて、地域の領主や土豪、そして百姓らがこぞって寄進しているこの「節《せつ》」とは何だろうか。結論から言うと、これは正月に観音寺で行なわれる「節」＝「行《おこない》」、すなわち修正会《しゆしようえ》のことであろう。「行」とは、今でも近江の村々でひろく行なわれる民俗行事でもある。

正月十八日には観音寺で「行」がなされ、そして二日後の二十日には「夫馬節」、観音寺の膝下郷の夫馬郷で今度は村の「行」がなされるのである。「節」の実態はそれとして、では寄進された中身をどう考えたらよいだろうか。百姓からの寄進状には、「正月廿日御節の御時を下し置かれ候といえども」、これを「御本尊」に寄進する、とある。「時《とき》」は「斎《とき》」、すなわち祭礼の際に下賜される酒飯である。つまり、観音寺は「行」に際して、神事に集う者に下す酒飯のもてなしを、参加者である百姓らに放棄させたのである。

「本尊」という「結社」は、その構成員のみではなく、信仰や儀礼を通じて深く結びついた地域社会のあらゆる階層から、こうした〝寄進〟をも受けることで、その経済的な危機を乗り越える術を持っていた。これはまさに「結社」を核とした、一種の地域的な、運命共同体以外の何者でもないだろう。そして、そうしたなかにも、贈与としての寄進という行為は確かに位置づけられていたのである。

寄進をめぐる村の結社

惣村の寄進と売買

近江国は村落の発達が顕著にうかがえる地域である。いわゆる惣村《そうそん》の展開がそれを象徴している。興味深いことに、惣村に、寺僧の「結社」に似た構造を見い出すことができるのである。

近江の惣村というと、湖東の大嶋《おおしま》・奥津嶋《おくつしま》惣荘、得珍保《とくちんほ》今堀郷《いまぼりごう》、湖北の菅浦惣などがすぐさま思い浮かぶ。早い場合は鎌倉時代後半から、とくに室町から戦国期にかけて、これらの惣村には惣有の耕地、すなわち惣有田《そうゆうでん》が存在しており、その集積は、惣村自らによる買い得や、寄進によりなされていた。

たとえば大島・奥津嶋では、若宮《わかみや》神社に田地が寄進・買い得により集積され、また大座《おおざ》と呼ばれる宮座《みやざ》が成立しており、それらに土地が集積される。今堀でも同様で、今堀日吉《ひえ》神社や他の堂社などに売券や寄進状があてられ、耕地が集積されている。大島・奥津嶋や今堀では、集められた耕地は「神田」とされており、帳簿が作成されて惣村の土地となっていることが明らかとなる。

また菅浦の場合は、土地証文を含めた一〇〇〇点を超える惣有の文書が、惣の鎮守・須《す》賀《が》神社の拝殿の奥の「開けずの箱」に秘蔵されていた。これらの土地は、惣村の民のものであると同時に「惣」のものとして管理されていたのである。惣村の文書である『菅浦文書』にも多くの売券や寄進状が集積されている。寄進や売却の宛先はさまざまであるものの、それらが惣村に管理された土地、つまり惣有田であることは間違いない。

惣村の寺社と結社

ここで注目したいのは、惣村にもつぎの菅浦の場合のような売買の慣行がある点である。貞和二年（一三四六）に制定された菅浦惣の有名な村掟があるが、そこでは菅浦の重要な耕地である日指《ひさし》・諸河《もろかわ》の田畠について、「一年・二年はうりかう《(売買)》といふとも、永代おうる《(売)》ことあるへからす」とある（図14）。これは、年期を限って売ることは許されるが、永代の売買は禁止する、という条項である。同様に、明応元年（一四九二）の奥嶋惣荘の置文においては、「一　山はたの事《(畠)》は、た所へ《(他)》

図13　菅浦集落遠景（長浜城歴史博物館提供）

うりかい（売買）にす可《べ》からさる事」とある。奥嶋惣の山畠についても、やはり他所へ売却することが禁止されている。この二つの例は、惣村の内部に限り年期売りは許可されるが、惣の外部への売買を禁止する、という意味で、さきの大原観音寺の掟の規定と類似する。

日指・諸河の耕地は、菅浦にとって惣有田に近いものであるし、奥嶋の山畠も同じであろう。これを惣村の内部に限り許可するというのは、内部での耕地のやりとりを通じて事実上の融通行為を行なっていたことを意味している。たとえば菅浦惣では、永正年間（一五〇四～二一）、正祐《しょうゆう》が、惣荘より買い得した下地を、村の如法経《にょほうきょう》道場へ寄進している。これは、惣村内部の道場・寺庵などの宗教施設が、土地や得分の留保先として位置づけられており、内部での融通の基盤だったことを示している。

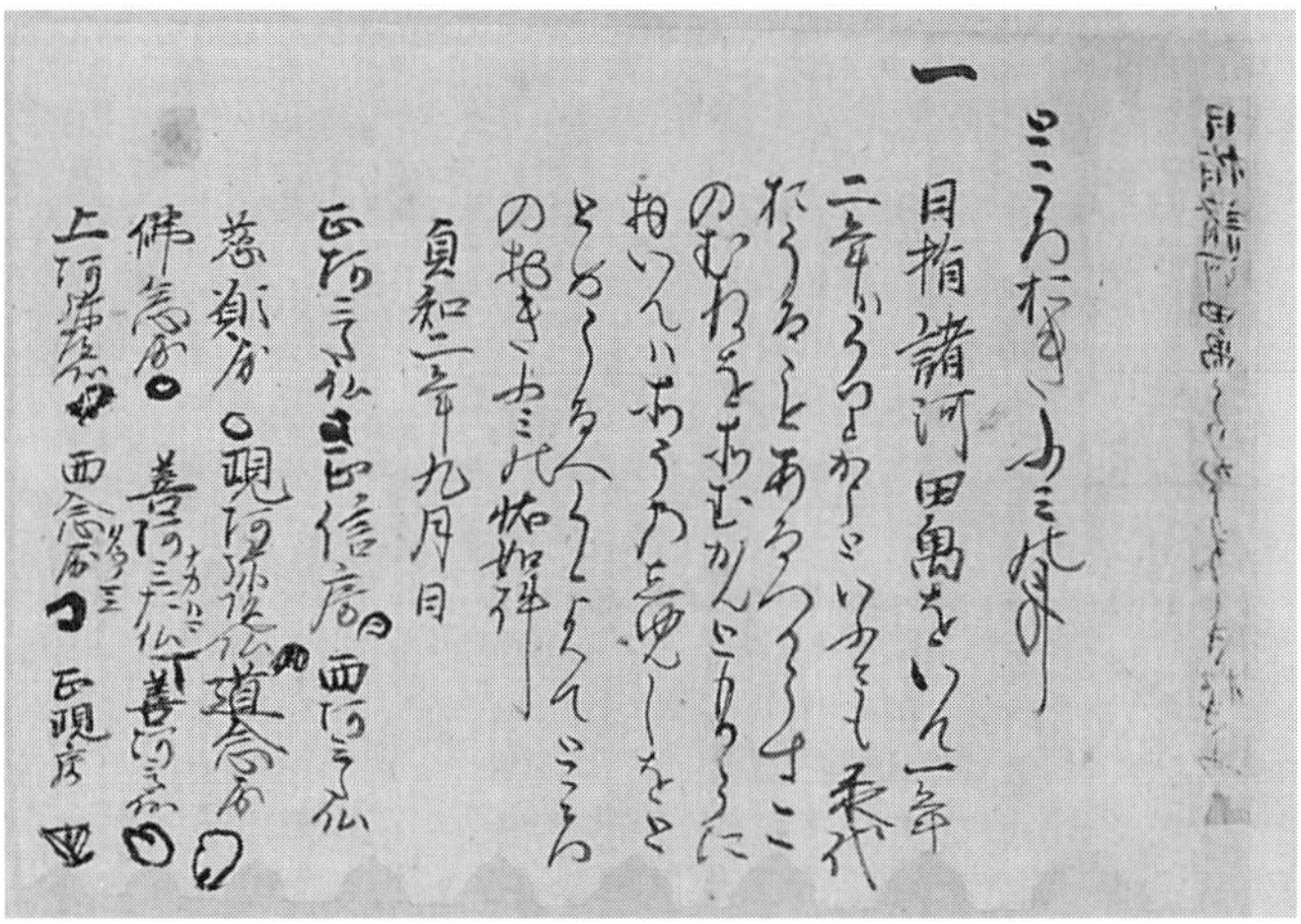

図14　菅浦惣置文（『菅浦文書』菅浦自治会所蔵，滋賀大学経済学部附属史料館保管）

さきにもみた文明十五年（一四八三）の菅浦惣の置文では、惣村内部の寺庵の仏物が保護されているが、それはこうした機能を持っていたことにもよるだろう。以上から、惣村にも、仏物や寺庵などを含め、惣有地を基盤とした「結社」が存在し、内部で融通機能を有していたことがわかる。

惣村の結社と融通

しかし惣村内部での「結社」による融通は、かなり限定されたものだった。菅浦の例をみてみよう。菅浦では永正十二年（一五一五）頃から、債務が確認されるようになる。戦乱の影響によるものと思われるが、当初は年貢未進がらみの債務だった。貸し主は近隣の領主や代官だが、戦国大名浅井氏が進出して来て以降、永禄年間（一五五八〜七〇）からは浅井氏からの債務が増えてくる。

もっとも菅浦惣の債務は、銭を借り入れて商業作物の油実《あぶらみ》を栽培するなど、多様な生業の展開とも関連しており、単純な村落による債務の累積ではないようである（似鳥雄一『中世の荘園経営と惣村』による）。ここには、生産や生活など多様な活動を行なう村落の特質があらわれているが、注目したいのは、貸し主のなかに、菅浦村内の阿弥陀寺《あみだじ》・善応寺《ぜんおうじ》・宝珠庵《ほうじゆあん》・清応軒《せいおうけん》・祇樹庵《ぎじゆあん》・専幸庵《せんこうあん》・神明講《しんめいこう》などの寺院・寺庵がみえる点である。これらは、惣村の必要にあたり、内部の融通が存在していたことを意味している。また惣村（惣荘）の名による土地の売買も散見され、惣村とその内部の「結社」が、自己を保全するための機能を有していたことを物語る。

しかし、観音寺「本尊」などに比較して、その機能も小さく、十分なものとは言えない。これは浅井氏からの債務の累積を止められないことに示されているが、「結社」の規模がコンパクトであったことが一つの要因であろう。多様な活動を誇る菅浦にしてこうであるからは、一般の村落も、おしなべて同様なものだったろう。

ここであらためて、中世の地域社会の「結社」と寄進の特質についてまとめておこう。

結社と寄進

これまでみてきたように、寺院や惣村の「結社」は、寄進行為を制御し、構成員に富の分配を行ないながら、自己を強力に再生産する中間団体である。また「結社」は、国家や統治機構と個人の中間に位置し、社会的権力としての性格を持つ一方で、集団的な自治を体現するという両義的な「自己統治」=「自治」の主体だった。

ただ、寄進された富の分配機能からみた場合、村の「結社」と寺家の「結社」は、類似してはいるが、規模には差異も存在していた。中世の地域社会とは、こうしたいびつで非対称性を帯びた社会であった。個々の集団のいわば分配に耐える度合いが限定されているのである。そこで、「結社」のつらなり、その相互の作用が問題となることになる。

結社のつらなりと地域社会

「桟敷日記」の世界

大原観音寺には、永亨八年（一四三六）の年紀を持つ「桟敷日記《さじきにっき》」という帳簿が残っている。「桟敷」とは、芸能や神事を観覧する際の観覧席のことである。この史料の「桟敷」とは、同年に大原荘夫馬郷で行なわれた猿楽《さるがく》勧進《かんじん》の桟敷を意味している。

猿楽勧進とは、猿楽を演じることでひろく近郷近在の人びとの観覧を募り、桟敷を提供するかわりに奉加銭《ほうがせん》を得るという勧進の一種である。さきにもみたが、観音寺ではかつて応永九年（一四〇二）の大風で多くの堂舎が倒壊し、その再建が課題となっていた。しかし、この時期に至るまで十分な資金が調達できず、こうした猿楽勧進の興行に至った。この「桟敷日記」を分析した研究に依拠しながら（釈迦堂光浩「中世後期地域社会における勧進と奉加」『駿台史学』一〇一による）、勧進に応じた近江国湖北の村々と寺院の「つらなり」をみてみよう。

中世の「香典帳」

「桟敷日記」は、猿楽勧進の興行に関わる諸記録を集成した帳簿である。まず興味を引くのは、奉加を受ける立場にある観音寺などの寺院が奉加する側にもなる、という互酬性が存在していることである。ただし観音寺とこの関係を築いているのは、そのほとんどが堂舎の修造や仏像の建立、梵鐘の鋳造などを行なう寺院、村落などの団体である。観音寺に奉加をするのが、宗教的な機能集団同士、言い換えれば「結社」と「結社」であることは重要である。それは、各々を法人格としてみとめあう関係がそこに成立しているからである。

「桟敷日記」には、勧進に奉加した相手の名前と奉加額が記載されているが、それに加えて「負《お》う」「借りる」という注記があり、これは奉加を受けたことを示す。これに対して、観音寺の側が「返す」「返弁《へんべん》」として奉加者へ奉加を仕返す、という記載がままみられることに注目したい。奉加を受けた側はそれを負《お》い目とみる。そして時間差をともないつつも、逆に相手に奉加を仕返すことで、その負い目を解消することを意図していた。そ

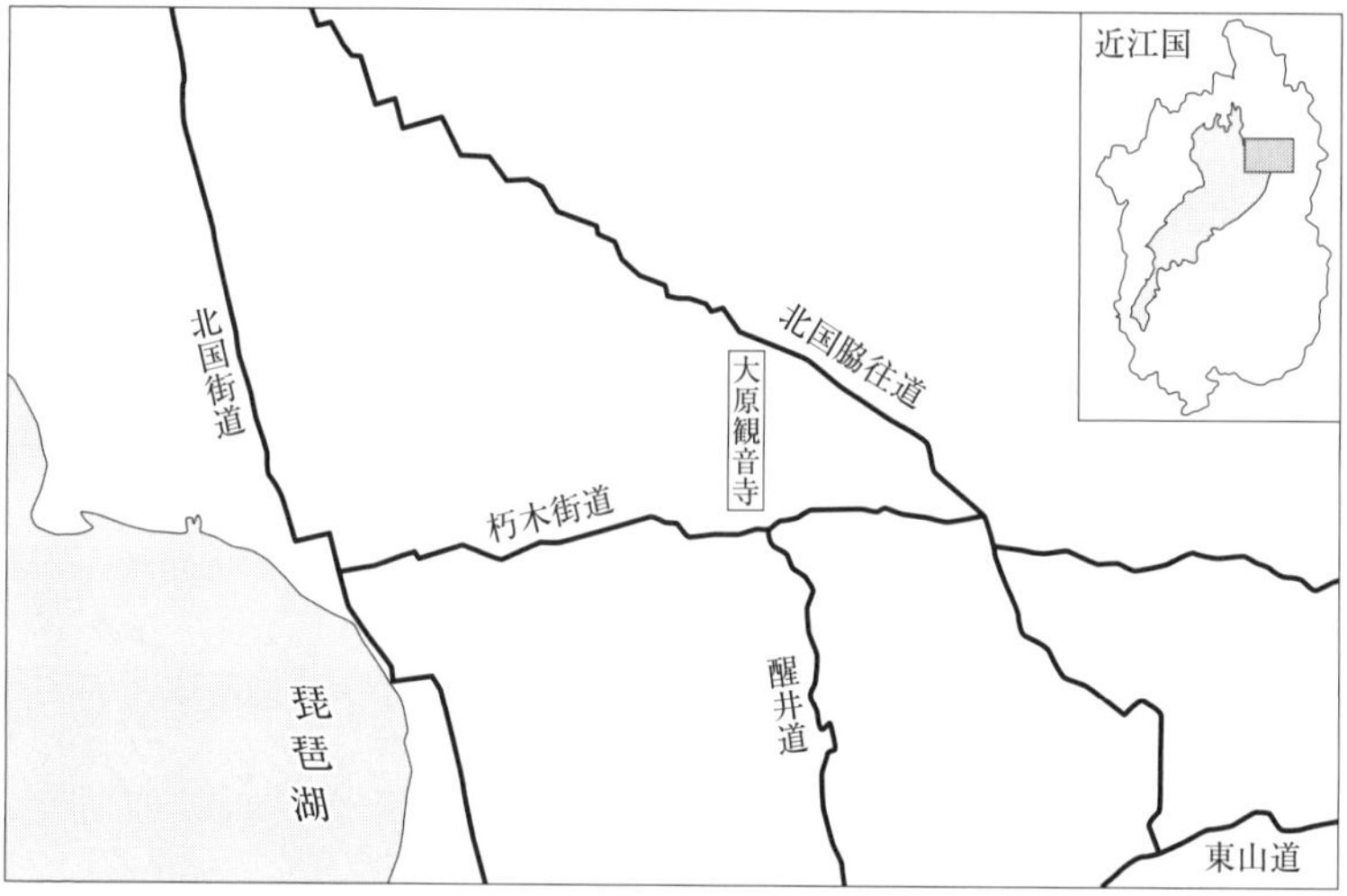

図15　観音寺と奉加相手の分布範囲（釈迦堂光浩「中世後期における勧進と奉加」『駿台史学』101，1997年より加工）

の期間は、明らかなものだけでも永享九年（一四三七）から長享《ちょうきょう》二年（一四八八）という約半世紀にもおよぶ。これは明らかに時間差をともなった贈与の交換行為である。

近世以降の日本社会では、受けた祝儀《しゅうぎ》・不祝儀《ふしゅうぎ》を記録し、時間差をともないつつも確かに返弁するための「香典帳《こうでんちょう》」（祝儀帳・不祝儀帳）の存在が民俗学から報告されているが、まさに同じ機能を持つ中世の帳簿が「桟敷日記」である。中世の宗教的「結社」の間にも、互酬性に基づいた富の流用・融通関係が成立していたのである。

結社どうしのつながり

「栈敷日記」にみえる観音寺とその他の寺社・集団との奉加の収支関係をみると、均等の場合が半分以上を占める。不均等な場合も、他の場面での互酬の存在を考えると、奉加の関係は均等性・平等性を基本とすると言える。だが、お互いに与える利益の大きさを考えると、村の側にメリットが大きいものと思われる。というのも、村も独自に勧進活動を行なうが、勧進の規模は、大きな地域寺院に比較してどうしても小さくなる。それゆえに村の堂舎など宗教施設やその付属物のメンテナンスにとって、地域寺院からの奉加は、有効な援助となったにちがいない。

加えて、そこに上層の地域寺院の「文化」が村々にひろがってゆく契機をみとめることもできるだろう。信仰の体系や行事の浸透がそこにともなっていたと考えることは自然である。経済的なメリットと文化の交流が、そこには存在していたのである。

つまり、中世の地域社会における「結社」の不均等性は、お互いの「つらなり」によって改善・緩和される傾向を持っていたことになる。奉加とは、寄進にも通じる富の提供の方法である。こうした行為を通じ、「結社」により構成された地域社会は、再生産されていた。その範囲は、図15に示した、湖北の坂田郡を中心としたエリアにほぼ相当する。これが「結社」の〝つきあい〟の範囲だったことも、記憶にとどめておきたい。

戦国経済のなかの売買と寄進

地域経済の動向

不安定要素としての「徳政」「在地徳政」

「徳政《とくせい》」「在地徳政《ざいちとくせい》」という室町・戦国時代特有の徳政状況により、売買や寄進という行為が不安定な状況におかれたことはすでに述べた。そのようななかで、伊勢の成願寺《じょうがんじ》を中心とする一志郡《いちしぐん》や近江甲賀《こうか》の郡中惣が、「徳政衆」という独自な組織を形成し、彼らの集団の意志により、徳政を免除する証明書（徳政指置状《とくせいさしおきじょう》）を出すなどして、国人・土豪や一揆《いっき》が特定の地域社会における「在地徳政」のコントロールを目指していたこともすでにみた。「徳政」「在地徳政」により物件を取り戻すことは、当事者間の紛争を惹起することを意味するのみならず、その地域の経済においても一つの不安定要素であった。それゆえ、地域を主導する人びとによる「徳政」の制御が志向されたのである。

しかし一歩進んで、ある地域の経済を「廻《まわ》す」ためには、売買や貸借が円滑に行なわれることが望まれるのは当然ではないだろうか。すでにみてきたとおり、それが地域の「結社」間の融通機能の一翼を担っていることも踏まえれば、なおさらである。

「徳政」に抵抗する地域

そこで、田中慶治や久留島典子らが注目している大和国宇智郡《うちぐん》（奈良県五條市・吉野郡大淀町の各一部）の場合をみてみよう（田中慶治『中世後期畿内近国の権力構造』、久留島典子『一揆と戦国大名』による）。

弘治《こうじ》四年（一五五八）、宇智郡では二月二日に「大和国宇智郡百姓衆」が、また同月八日には「大和国宇智郡国衆」が、それぞれ連判状をしたためている（『三箇家文書』）。この両者は密接に関連している。前者は宇智郡の村名を肩書きに持つ百姓二〇名ら、後者は名字を持つ侍・国衆ら一八氏二〇名が、名を連ねている。

宇智郡では、地域社会を主導する国衆が一揆的な組織を形作っており、かつ百姓らの集団的な結合もみとめられ、両者は重層的に結びついていた。大和・山城・近江・伊勢などで確認できる「惣国一揆」としての性格を有していたのである。彼らがそれぞれ互いに協約として制定したものが、この連判状である。

協約の内容は多岐にわたるが、注目したいのは、「徳政」に関することである。百姓らが国衆へ、「昨年の旱魃《かんばつ》の被害により百姓は大変に困窮している。だが馬借《ばしゃく》（徳政一揆）をおこすといううわさがあるために、そのリスクを嫌い、蔵本が米銭を融通してくれない。ついては一〇年ほどは徳政を要求しないので、国衆として、高野山《こうやさん》をはじめとする蔵本たちに交渉し、米銭を借りられるようにして欲しい」と要求している。

一方、国衆らは、同様に昨年の旱魃の酷《ひど》さを述べ、「米銭を融通してくれるように蔵本たちに交渉して見通しがついた。であるから、今後徳政一揆を企てる者は、誰の被官《ひかん》であろうとも罰する。そうしないと蔵本に面目がたたない。たとえ天下一同の徳政があろうとも、表向きは別として郡内では徳政を行なわない。百姓らと我々が連署する以上、違反者は義絶《ぎぜつ》する」と述べている。

ここに明らかなように、一六世紀半ばの戦国時代ともなると、「徳政」による米銭の融通が滞ることこそが問題なのであった。とくに、旱魃や飢饉《ききん》といった危機的状況に直面した百姓らと国衆らが、共同で蔵本による貸し付けの円滑な運用を保証する協約を示していることは、彼らの希求する秩序が何であるかを明確に示している。

大和国宇智郡の例で、旱魃の被害により蔵本の融通が必要とされていることは、重要である。こうした危機的な状況にあっては、本書でみてきたような「結社」内部、または「結社」同士による融通機能が、重い負担により機能不全に陥り、外部からの融通が必要となるからである。

円滑な経済活動を目指して

あらためて考えてみれば、本書がここまで述べてきた「結社」の独自な売買や、寄進の制御とは、「徳政」や「在地徳政」がおこる前の状態での富の再分配機能であり、本来、地域社会に埋め込まれていたと考えるべきなのであろう。しかし実際は、それがさまざまな要因により疎外されることで、かえって顕在化してきたものだった。したがって、「結社」のつらなりにおける相互扶助的な富の運用こそ、理想的な地域の経済のあり方なのである。

ところで中世社会には、ここまで論じた在地の「結社」が、かならずしも表面にあらわれない東国のような地域もある。そこにおいても、富の独自な運用はあったのだろうか。また、そこに寄進という行為は、どのように組み込まれているのだろうか。これらを考えながら、戦国経済の実態をさぐるために、以下、視点をかえて、東国の香取《かとり》社領のあり方をみてみよう。

東国香取社領の経済の展開

神社を核とした地域経済

東国社会。この社会においては、近江国や紀伊国のような村落レベルの「結社」は、残念ながら確認できない。「惣」という団体原理も、中世には管見に入っていない。しかしこのことは、地域社会に独自の経済活動がないことを意味してはいない。そこで、下総国一宮《いちのみや》である香取社（香取神宮とも。千葉県香取市）を例にとり、地域経済のあり方を検討したい。

中世の香取社は、地方権門寺社の一つと言ってよいが、一二ほどの社家（神官）の家に、平安時代から蓄積された厖大な中世の古文書が伝来している。その総数は約一九〇〇点余にものぼるもので、一つの文書群としては、けして畿内近国の文書にひけをとらない（総称『香取文書』。以下本章の分析はこれによる）。

室町時代になると、この文書には大きな変化が訪れる。それまで摂関家の荘園としてのあり方や、有力な社家一族の争い、また千葉氏《ちばし》・国分氏《こくぶし》ら在来の武士との軋轢《あつれき》を物語るものであったのが、大禰宜家《おおねぎけ》を中心とした社家らの自立と社領の再編が行なわれ、香取社を中心とした独自な地域経済の様相がうかがわれるようになる。

図16　香取神宮（千葉県香取市）

香取社と「徳政」

その発端は、筆頭神官である大禰宜長房《ながふさ》が、下総守護千葉氏を相手取って戦った相論《そうろん》（通称、年号をとって貞治《じょうじ》・応安《おうあん》大相論という）にある。鎌倉末期以降、千葉氏や家臣中村氏《なかむらし》らによって大量の神領が押領され、神官らが圧迫を受けていた。長房はこれを室町幕府や鎌倉府に訴え、押妨を退けて紆余曲折の末に神領の奪還に成功する。

相論はおよそ貞治・応安年間（一三六二～七五）から始まり、最終的に神領の返還が完了するのは嘉慶《かきょう》二年（一三八八）である。神領は長房ら神官に返還されて、応永《おうえい》年間（一三九四～一四二八）には、総合的な帳簿が作成される。社家の組織は、大禰宜職と大宮司職を兼帯した長房を頂点として、新たな組織として出発する。

長房と各神官らの間には、所領を扶持《ふち》するかわりに忠節を要求されるような人格的な関係も生まれるが、神官らは所領を家産とした家の自立化を促進する。録司代《ろくじだい》・案主《あんしゅ》・田所《たどころ》・分飯司《ぶんがいじ》らである。長房はその家を安堵した。この家産を基礎にした家々が、独自な経済活動を行なうこととなる。

香取社と守護千葉氏の関係もリセットされる。千葉満胤《みつたね》が香取社領のすべてを安堵して以降、基本的には千葉氏は香取社に祈禱を命じ、かわりに安堵を行なう。これ以降、鎌倉時代のように、千葉氏と地頭《じとう》国分氏が神領を押領することはなくなった。

貞治・応安の相論での長房による香取神領の取り戻しは、寺社の自力《じりき》による「徳政」と言えなくもない。応安年間（一三六八～七五）、室町幕府は、寺社徳政を発布している（応安徳政令）。香取社の「徳政」とは、その余波を受けたものだろうか。

その後、一五世紀になると大禰宜家で所領をめぐる争いがおこる。千葉満胤の子の兼胤《かねたね》は、大禰宜一族の一人による応永三十三年（一四二六）以降の所領の売却の無効を宣言している。これも守護千葉氏による事実上の「徳政」としてよいだろう。所領の売買の盛行と、「徳政」をめぐる事態が、この時代の東国にも、たしかに存在していたのである。

「社家の法」にみる安堵と売買

至徳《しとく》四年（一三八七）、大禰宜長房は子の幸房《ゆきふさ》に家督を譲る。このとき、はじめて香取社の社家を規定する法が、史料上にみられるようになる。そこには、神官は「社家の法」に任せて大禰宜幸房に背いてはならない、とある。

この法は、他にもさまざまな規定を持っている。たとえば人身売買の禁止、所領の一期分の相続規定、社役の賦課などがあるが、とりわけ重要なのは、所領売買に対する買得地《かいどくち》安堵《あんど》と、永代売買の禁止事項である。

買得地安堵とは、文字通り神官による土地の買得を大禰宜や上級の神官が安堵することにより保証することである。とくに香取社領では「死亡逃亡跡《しぼうとうぼうあと》」をめぐるトラブルに対して有効に働いた。「死亡逃亡」とは、文字通り死亡や逃亡による闕所地《けっしょち》＝跡（あるじのいない所領や土地）を領主が取得できるという権利で、鎌倉時代以来、とくに東国の在地領主のもとで行なわれていた行為である。香取社の神領も、千葉氏や中村氏がこれをテコにして大量の土地を取得していた。これが売得地に適用されると、売り主が死亡したり逃亡した場合に、その売買自体が無効となり、買い主が多大な損失を蒙ることになる。したがって、これを「社家の法」が否定することで、安堵となるわけである。また、買得地安堵が、「徳政」による土地取り戻しに対しても有効であることは、言うまでもないだろう。

一方、神官の土地を永代に売ることを禁止する事例とは、何を意味するのだろうか。本書はいままで、僧侶や村落の「結社」にも同様の慣行があることを論じてきたが、香取社の場合でも、外部に所領を流失させないというバイアスが働いていたことになる。

結論を先回りして言えば、香取社全体を舞台にした社家間の融通が、そこに存在していた。これは、「社家の法」のもっとも本質的な規定の一つであった。

蔵本の経済活動

そしてそこには、神官らによる活発な経済活動が存在していた。

一五世紀を迎えると、香取社とその周辺には蔵本《くらもと》が出現する。蔵本は金融業者だが、史料をみるとその多くは中小の香取社の神官だった。彼らは神官であると同時に、蔵本として米銭の貸借や土地の売買を営んでいた。

香取社は、その社内に市神《いちがみ》を祭る「市」を備え、近辺に二つの宮中町を擁していた。史料にあらわれる「宮中町」と「宮下（本）町」である。これらは、大禰宜を筆頭とするおもな神官らの町屋敷がある町場であった。この町場が、社内の「市」を中心として存在していたのである。

興味深いことに、ここは一五世紀の後半には、蔵本町と呼ばれており、蔵本である神官の分飯司などが住む場だった。この町場を基盤として、神官らは金融・商業などを営んでいたのである。また、香取社を取り巻く内海《うちうみ》である「香取の海」（現霞《かすみ》ヶ浦《がうら》・利根川《とねがわ》）には、多くの津《つ》（川湊）が営まれていたが、そのなかの佐原津《さわらつ》（佐原宿とも言った）、井戸庭《いどにわ》津《つ》にも案主・録司代らの神官の屋敷があった。佐原津には商工業者の紺屋《こうや》・苧座《からむしざ》・軽物座《かるものざ》があり、油や紫（醬油カ）、裃《かみしも》などを商う商人も確認できる。こうした津々のひろがる地域が、蔵本である神官らの活動の舞台だったのである。

「香取の海」と有徳人

南北朝時代、「香取の海」の津には「海夫《かいふ》」と呼ばれる海民が生息していた。彼らは地頭の支配を基本的には受けず、香取社に「供祭料《ぐさいりょう》」を納入することで活動の自由を保証されていた人びとだった。彼らの末裔《まつえい》は、江戸時代には霞ヶ浦沿岸の湖岸の組合である「霞ヶ浦四十八津」「北浦四十四ケ津《きたうらしじゅうしがつ》」という湖の漁猟入会《いりあい》を旨とする津の自治的連合を形成する（網野善彦「海民の社会と歴史」による）。

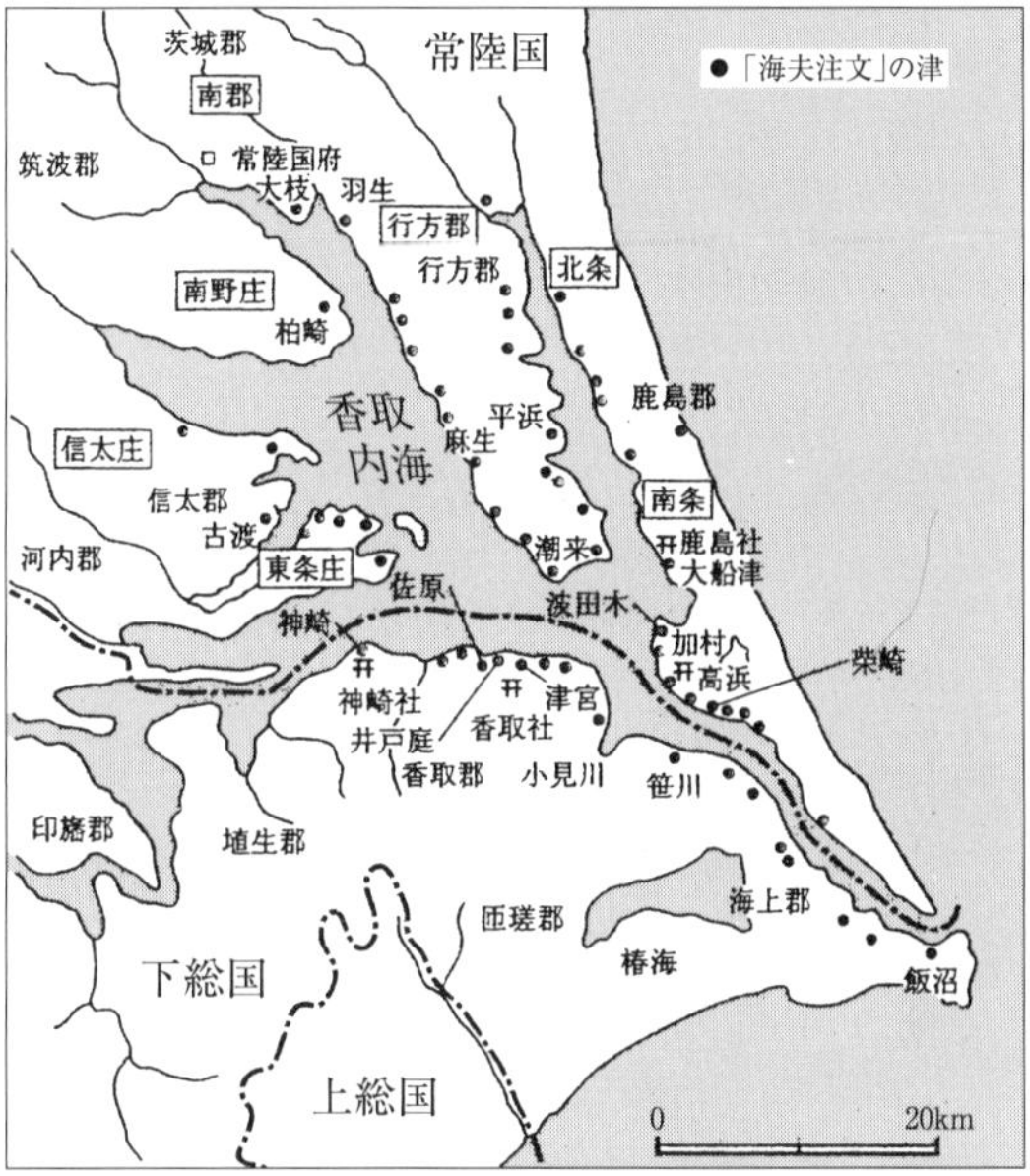

図17　香取の内海（『千葉県の歴史 通史編 中世』2007年）

香取社の蔵本らも、「香取の海」を活動の舞台とした人びとだった。南北朝以降、「香取の海」と古利根川の川筋には、多くの香取神社が勧請《かんじょう》され、一つの祭祀圏を形作っていた。下総国衙《こくが》（府中）である市川《いちかわ》に近い行徳《ぎょうとく》や、対岸の葛西御厨《かさいのみくりや》の長島《ながしま》などには川関が置かれ、香取社の権益が設定されていた。これらの経済水域を受け継ぐ形で、多くの有徳人《うとくにん》・富裕人が室町時代には出現してくる。

有徳人としての社家としては、御手洗常満《みたらいつねみつ》が有名である。彼は香取社神官の系譜をひいており、近世に「めでたき富有の人」（『香取私記』）と伝えられた有徳人である。さらには井戸庭弥次郎《いどにわやじろう》という人物がいる。彼はさきにみた井戸庭津の住人であり、録司代家の慶《けい》尊《そん》のニックネームであった。弥次郎の活動については後でふれる。

一五世紀の後半には、香取社周辺の蔵本として、社家ではない小林・多田などの名字を持つ俗人が登場するようになる。これは香取社を中心とした経済活動が、さらに地域にひろがりをみせていたことを意味している。このように、香取社と周辺の町場は、「香取の海」の香取信仰の信仰センターであると同時に、地域の経済センターの役割もあわせ持っていたのである。

ところで、常陸の鹿島社《かしましゃ》の造営用途を賦課した際の永享《えいきょう》年間（一四二九〜四一）の「常陸国富有人注文」なる史料が伝来していることから、この水系における有徳人の分布が把握できる。ここには俗名や僧侶の名に混じって在所の町場の地名＋字《あざな》（仮名《けみょう》）で呼ばれる人びとが多数確認できる。たとえば、常陸国南野荘安食郷《みなみののしょうあんじきごう》（茨城県かすみがうら市）にも弥次郎がいる。彼は「安食弥次郎《あんじきやじろう》」であり、「井戸庭弥次郎」も、そうした呼称とみてよいだろう。近世以降の渡世人や遊興の人、「飯岡助五郎《いいおかのすけごろう》」や「柴又寅《しばまたのとら》」のルーツである。こうした人びとが地域に簇生するのが、室町時代という時代なのである。

地域の金融コミュニティと寄進

香取社をめぐる地域経済のあり方と寄進行為との関係をさらにみてゆきたい。まず着目したいのは、さきに有徳人の典型としてみた蔵

蔵本井戸庭弥次郎

本の井戸庭弥次郎である。彼の経済活動をあらためて『香取文書』から追ってみよう。端的に言えば、その活動とは土地の売買と金銭の貸借行為である。文安《ぶんあん》四年（一四四七）以降、弥次郎は一五件の売買に関与している。そのうち売却が一二件、そして買得が三件である。買得の場合、売券《ばいけん》の宛所《あてどころ》（宛先）が仮名《けみょう》からなる「井戸庭弥次郎」となっており、これが彼の蔵本としての買得であることを示す。しかし売却の場合は「録司代」、あるいは「慶尊」という実名であり、この使いわけは、なかなかに興味深い。

また、売却の場合は、そのほとんどが本銭返《ほんせんがえ》しという売買である。前章でもみたが、これは物件の質入れ＝質契約とほぼ同じ売買の方法であり、契約の不履行で土地が移動する場合があるが、基本的には当座の金銭の獲得を目的としているものである。この点は後述しよう。

香取社領における売券類は、宛先を記さない場合が多く、ある家への証文の帰属から土地の移動を把握することは難しい。仮に売買の事実のみをもって井戸庭弥次郎の活動を追ってみるならば、要するにそれは、土地と銭を担保として長期的な金融を繰り返すという経済活動になる。そしてこれは、ある程度のファンドを必要とした利殖行為であり、その結果、致富や没落をともなう行為であると言える。こうしたファンドを象徴するものが「蔵」なのである。つまり、これこそが彼が蔵本たるゆえんと言える。

土地売買・質契約と寄進

ここで、あらためて香取社領に関わる土地売買・質契約、そして寄進関係について、史料（土地証文）から全体をみておこう。

『香取文書』に残された関係する土地証文は全二七三通、案文《あんもん》や写の重複を除くと、二五二件を数える。これを表4とした。この件数を売買・質入れ・寄進など性格ごとに区分し、年代を一二世紀から近世初頭まで便宜的に五〇年ごとに七期にわけ、それぞれの件数と比率を示している。この表4の解説から始めてみよう。

まず証文の項目として、寄進と永代売に対して、本銭返し・借用・年期売を一括して別立てとしている。本銭返し・借用・年期売とは、中世特有の売買のあり方で、いわゆる買戻し付き・請戻し付きの売買であり、永代に土地を売る永代売と区別されるものである。また土地が返還される（もどる）ことを前提としている点では、土地を担保として質契約を結ぶ借用と、本質としては同じものである。このことから、これらを一括して「質契約売買」と称することとする。こうした多様な種類の土地証文が大量に残されていることは、『香取文書』の特色の一つである。

これらの多くは、神官の家や寺院に残されており、さきの録司代・案主・要害・大禰宜などが多く、寺院では禅宗《ぜんしゅう》の新福寺《しんぷくじ》に残されている。また物件は、おおむね一反から一町程度の耕地片であり、売却者の大部分を占める中小神官の所有地である。彼らの多くが蔵本であることも重要である。

⑦1550〜1611	総　計
13(33%)	80 (32%)
2(5%)	30 (12%)
4(10%)	53 (21%)
0　—	19 (8%)
19(49%)	63 (25%)
23(59%)	135 (54%)
——	3 (1%)
1(3%)	4 (2%)
39(15%)	252(100%)

もある.

表4　『香取文書』の土地証文一覧

	①1100〜1299	②1300〜1349	③1350〜1399	④1400〜1449	⑤1450〜1499	⑥1500〜1549
寄　進	3(50%)	8(73%)	7(33%)	7(15%)	19(23%)	23(49%)
永代売	3(50%)	1(9%)	6(29%)	9(19%)	4(5%)	5(11%)
本銭返	0　—	0　—	2(10%)	10(21%)	34(42%)	3(6%)
借　用	0　—	0　—	1(5%)	9(19%)	6(7%)	3(6%)
年期売	0　—	0　—	3(14%)	12(26%)	18(22%)	11(23%)
計	0　—	0　—	6(29%)	31(66%)	58(72%)	17(36%)
売　買	——	1(9%)	——	——	——	2(4%)
不　明	——	1(9%)	2(10%)	——	——	——
総　計	6(3%)	11(4%)	21(8%)	47(19%)	81(32%)	47(19%)

（%）は小数点第一以下を四捨五入した．したがって合計が100%にならない箇所
①⑦は便宜前後の年代も含む．②〜⑥は50年毎に区分した．
計は本銭返・借用・年期売の総数を示す．

そして全体の件数をみると、第④⑤⑥期、つまりほぼ明徳《めいとく》年間（一三九〇〜九四）以降、一五世紀から一六世紀前半が一つの山であることがわかる。ここに全体の約七〇%が集中している。とりわけ第⑤期の件数が、④⑥期に比べても突出している。これは、一五世紀後半こそが香取社領における売買のピークであることを示している。

永代売と質契約売買

つぎに、さらにミクロな問題をさぐってみよう。まず、永代売とその他の質契約売買との関連についてみたい。

永代売は全体の約一二%を占め、数

は多くないが各時期にそれなりに存在している。とくに質契約売買が登場しない第①②期では、寄進とならび、そのほとんどが永代売の売券である。その初見は文永《ぶんえい》元年（一二六四）である。じつは、東国社会では永代売が未熟であり、質契約売買が主流であるという見解がある（勝俣鎮夫『戦国法成立史論』、永原慶二『日本中世社会構造の研究』による）。これによると、永代売は戦国期にかけて徐々に定着するといい、東国の後進性を意味しているという。しかし、香取社領の場合はこれと異なる。

この点で踏まえるべき見解として、荘園制が成立する段階で、すでに永代売が質契約売買とは別に定着していたというものがある（菅野文夫「中世における土地売買と質契約」『史学雑誌』九三—九による）。香取社領の場合、この説が符合する。この点、東国が後進的とする理解はあらためる必要があるだろう。

そしてつぎに問題となるのは、続いて出現する質契約売買とはいかなる要因により出現するのか、それはどのような目的を持ったものなのか、という点であろう。また、これと関連するが、中世後期の永代売が、質契約売買とまったくの別物ではなく、両者がある条件により、互いに転化しやすい性格を持つ、ということが重要である。

質契約売買は、第③期の康安《こうあん》二年（一三六二）を初見とし、第③期には約三〇%、第④

期には約六六%、第⑤期にはじつに約七〇%にも及ぶ。これは総件数の推移とも符合する。つまり、この売買は香取社領の売買の特質をもっともよく体現するものなのであり、その性格を分析する必要がある。

寄進と本銭返し売買

その前に、本書の主題である寄進と、この質契約売買との関連について言及しておきたい。

寄進も全体の約三二%、八〇件を数え、無視できない比率で第①〜⑦期を通して存在している。その意味が問われるが、売買の推移と寄進のそれを比較して検討したところ、第⑤期から第⑥期、つまり一五世紀後半から一六世紀前半にかけて大きな比率の変化があることがわかった。寄進は、第⑤期には一九件、第⑥期は二三件と一見大差ないが、比率で判断すると、二三%→四九%と倍増する。どういうことかというと、⑤と⑥の境で、売買全体の件数が約半減する、つまり全体として半数に激減するなか、寄進のみは倍増することになる。

この傾向の本質をさらに見極めるため、質契約売買の動向をみると、その総数が半減していることがわかる。しかも借用と年期売がほぼ横ばいであるのに対し、本銭返し売買のみが四二%からわずか六%へと激減するのである。

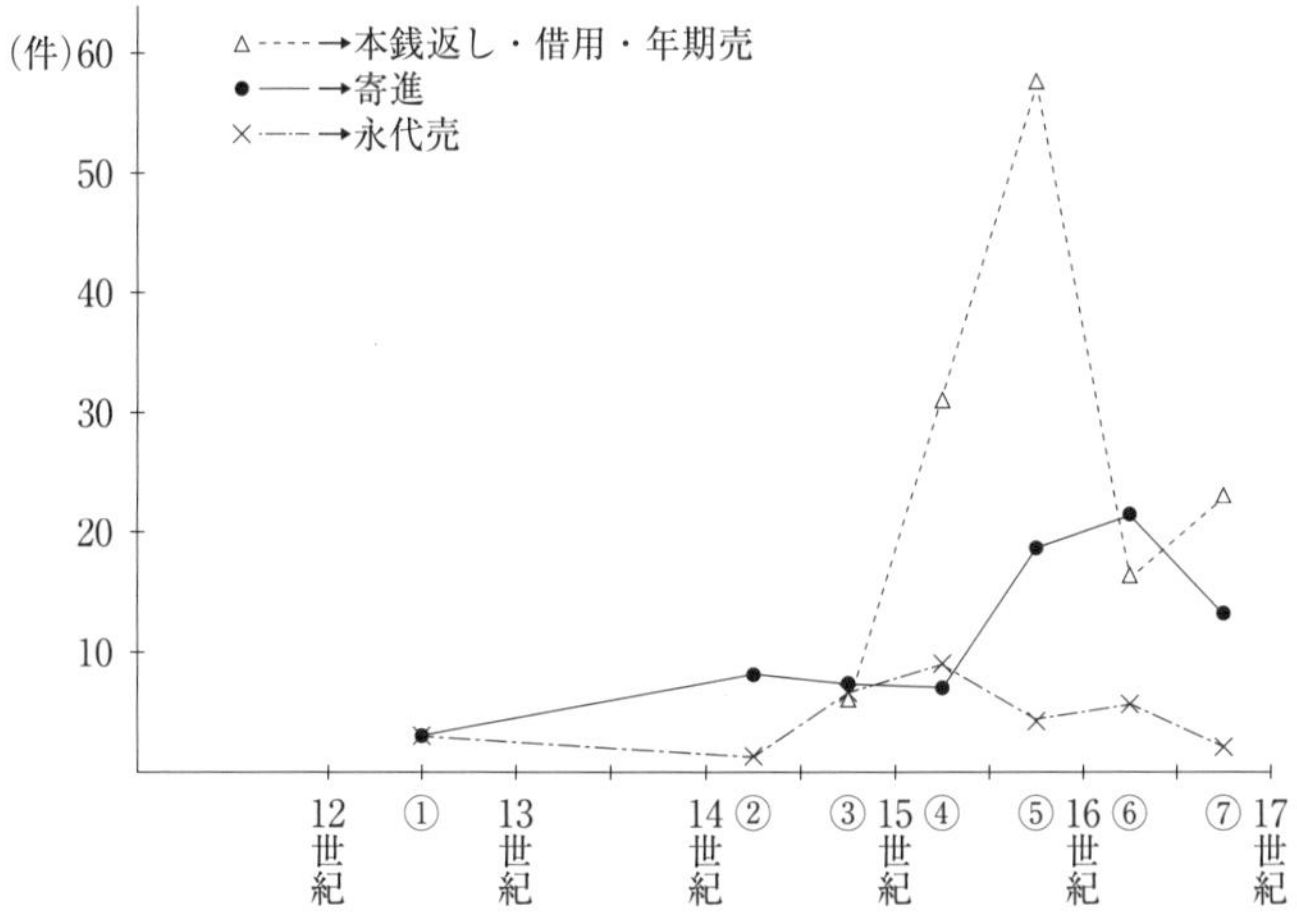

図18　香取社領の売買件数の推移

これらを総じて言えば、寄進の増加とは、質契約売買の動向、とくに本銭返し売買の激減と何らかの相関関係がある、という予測が立つ。ここまでの動きを端的に示すために、折れ線グラフを作成したので掲げておこう（図18）。質契約売買と寄進の動向が視野に入ってきたところで、ようやく質契約売買の本質をみる時がきた。

金融コミュニティとしての融通

結論をさきに述べれば、質契約売買とは、香取社神官らの相互の融通の役割を担うものだった。本銭返し・借用・年期売のいずれもが、一定の年期を経て売り主に物件が戻ってくる契約である以上、事実上、物件を担保として銭貨を獲得することが目的であった。この場合、仮に契約が不履行となって物件が流れたとしても、それはあくまで結果であって、目的ではないことは言うまでもない。

これが神官どうしの相互扶助的な行為であることを確認するために、売り主と買い主をみることが必要となる。まず売り主だが、第④期以降、つぎの神官らがいる。

定額乗胤《じょうがくじょういん》　録司代　案主　疑祝《ぎほうり》　要害　禰宜祝　大禰宜　国行事

このなかには神官の筆頭である大禰宜の名も確認できる。在地領主として神官に君臨したとされる彼も、融通に参加していたのである。つぎに買い主だが、さきにも述べたように売券類には買い主を記さないものが多く、逐一の検討は困難である。しかし井戸庭弥次郎の場合のように、香取社領では蔵本が買い主（銭主）として出現することが多く、蔵本として名が出る神官は、国行事・分飯司・要害・録司代らが該当する。つまり神官らは売り主であると同時に蔵本（買い主）としても参加していることから、神官相互の融通（金融）であることが確認できるのである。

そして、この時期の銭貨の必要性については、「貞治・応安の大相論」の際に、戦時中に銭が不足する、という千葉長胤《ながたね》の嘆きも伝わっている。また神事の遂行にあたり、二七名もの神官が「無尽講《むじんこう》」を営み銭を集めていること、応永五年（一三九八）以降、企図された香取社の造替《ぞうたい》のための費用の調達などが想定できる。これらがあいまって、神官らに急激な銭貨への欲求が高まった、というのが実情であったろう。

こうした売買は、土地の外部への永代売の禁止、という「社家の法」により作り出された、彼らによる銭貨の運用である。ここではこれを、地域社会における「金融コミュニティ」と呼んでおきたい。

投機としての売買

ところで、これらの売買、とくに本銭返しによる売買を追ってゆくと、さきほどみたように一五世紀後半から一六世紀前半にかけて激減するという顕著な傾向がある。これは何を意味するのだろうか。これも結論をさきに述べれば、投機、すなわちハイリスク・ハイリターンとしての本銭返しが破綻したことを意味している。このことを立証するためには、質契約売買の中身を検討する必要がある。

一口に質契約売買と言っても、借用・年期売と本銭返しには無視できない相違がある。それは、前者が年期（年限）が過ぎると自動的に物件が返却されるのに対し、後者は対価相当の銭を返却する必要がある。このことがもっとも反映されるのは、物件に対する対価の額である。仮に同じ条件であるならば、当然、借用・年期売は対価が小さく、本銭返しは対価が大きい。つまり物件を本銭返しにするか、借用・年期売にするかで、得られる額が相当異なる。すると必要な額が大きい場合、本銭返しがより有効な売買のあり方、ということになろう。

一般的に考えても、一つの史料群にこれら売買のタイプが存在する以上、それらは何らかの選択の結果なのであり、それが本銭返しを選択させた大きな理由と考えるのはあながち的外れではないように思う。

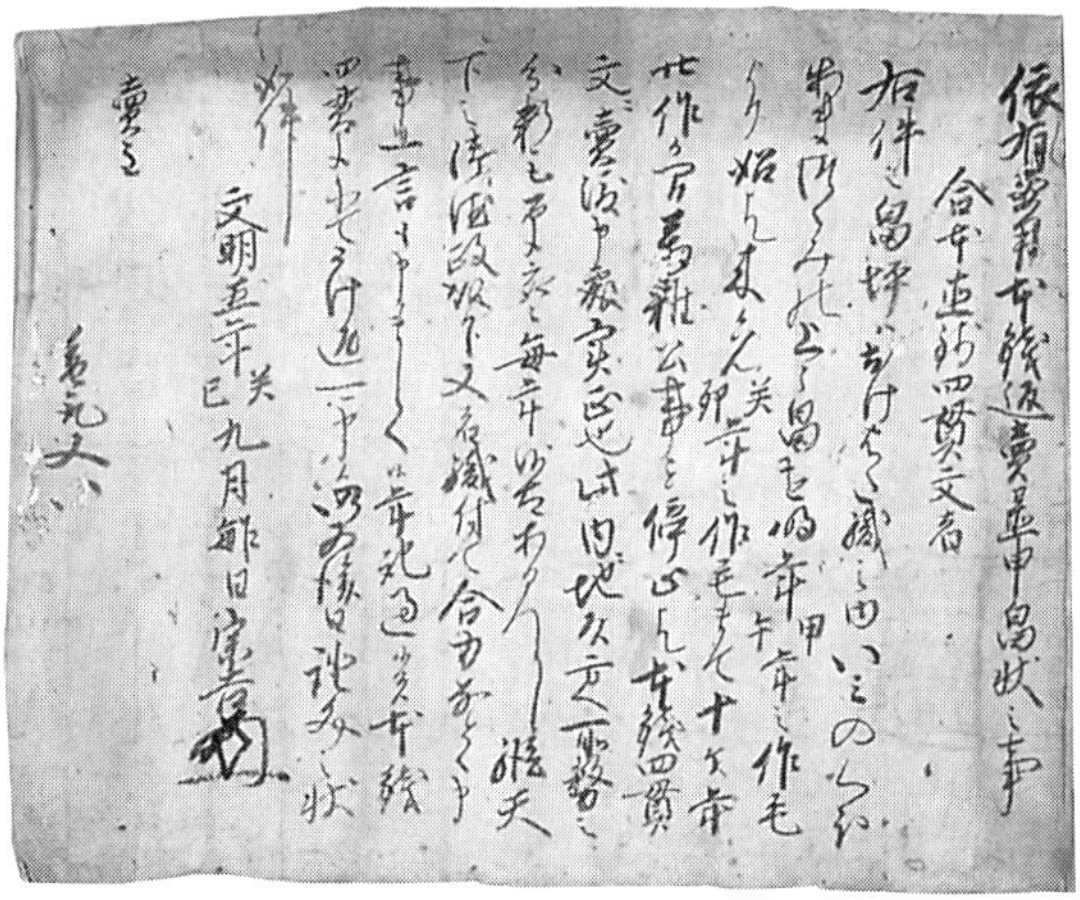

図19　香取宗吉売券（『香取文書』香取神宮所蔵）

そこで、第⑤期に集中する本銭返しの売買を通覧すると、そのほとんどが一定期間を経過後にはじめて対価を払って買い戻すことができるものであることがわかる。これは学術上、「年期明《ねんきあ》け請戻《うけもど》し特約」本銭返しと言っているものである（その他にもいくつかの形態があるが、煩瑣になるので省略する）。

その年期とは、三〇年・二〇年・一〇年が定番《ていばん》であり、年期内の請戻しを禁止している。

これは、年期内の耕地からの作徳分を利子として買い主に保証することで、さらに高額の対価を設定するための規定であろう。つまり香取社の本銭返し売買とは、質契約買売のなかで考えられる限り高額の対価（銭）獲得を目的として、選択されたものだったのである。

しかし、この「選択」は、契約としては大きな問題をはらんでいた。なぜなら、一〇～三〇年先のまとまった額の返還など、現実的とは言えないからである。

投機の破綻

このスパンは、おそらく中世人にとって（現代人もそうだと思うが）は、その人生の大半を担保としたに等しいものであり、まさに一期《いちご》（一生のこと）をかけた「賭け」だった。この「賭け」は、売り主にとっては高額の対価の獲得を意味し、買い主にとっては永代売より安く物件を得る可能性があるものだった。この点も、本銭返しが「選択」された大きな理由だったのだろう。返すアテのない高額の銭の獲得と、それを見越したうえの安い物件の担保化と将来の取得、これこそが本銭返し売買の内実だったのであろう。

こうしてみてくると、本銭返しの激減の意味が説明できる。それは、投機としての売買が結果的に破綻したことを示している。その結果、物件を返すことができず、事実上の永代売買としてその移動を招いたのである。

そしてこのことは、融通として機能していた物件のやりとりに、物件の移動という異なる性格を付与してしまった。またそのことにより、売買＝融通そのものの停滞を招いてしまった。つまりこの売買のあり方では、融通も安価な土地の購入も叶わないことが明らかとなり、本銭返しの売買自体が放棄されたのである。

寄進行為の持つ意義

このことは、寄進が盛んとなることと連動している。つまりは物件を神仏に託すことで、その保護を意図したのである。その背景には、一六世紀以降に住民層が帰依《きえ》する地域の寺院が定着していたこともあろう。神官らは、投機的な売買の異常な盛行に危機感を抱き、物件の保護をもとめて寄進したのである。「仏物」として寺院に寄進することは、まさに銀行に預託するような機能を果たしていたと考えられる。

これは一般論にやや傾いた見解だが、つぎに掲げる史料をみると、売買と寄進の関係をよりいっそうよく理解することができる。少し難解だが解読してみよう（書きくだし、ふりがなをふった部分がある。また端裏書は省略した）。

新寺十一面ニ、寄進し奉《たてまつ》り申される所の事、右永秀《えいしゆう》よりはゐと《（買得）》く申す、さゝはら一反、寄進申し候、子々孫々ニいたるまて、つけおき申し候、彼の田の事ハ、三十年記（期）ニかいをき（買置）申し、三十年すき（過）候ても、本せん（銭）三くわん（貫）五百文返し候ハすハ、彼の田御せいはゐ（成敗）あるへく候、若しいらむ（違乱）お申すともから（輩）あるへく候間、永秀より給おき（置）候本状を渡し申し候、仍って後日のため一筆件のごとし

延徳五年ミつのとのうし七月十四日　香取伊勢守之長《これなが》（花押影）

この寄進状は新福寺（新寺）に宛てられたもので、香取之長が、永秀より買得した一反の田を寺に寄進するという、いわゆる「売寄進《うりきしん》」の形式を示すものである。問題は、香取之長の永秀からの買得が、三〇年期の本銭返し売買であった点である。

したがって、この寄進状が書かれた当時、永秀のこの田に関する所有権は完全には排除されていないことになり、三〇年後に永秀が対価を香取之長に返却すれば、原則としてこの田は永秀のもとに返されるものであった。通常であれば、そのような田を香取之長が寺に寄進することは、理解に苦しむところである。ここで彼の行為を合理的に解釈する道はただ一つ、香取之長は、永代売よりも安い対価でこの田を取得し、この契約が事実上の永代売に結果することを見越して寺に寄進した、という理解である。

つまり香取之長は、永秀がきっとこの田の対価を、三〇年後という遠い将来に返却することなどできない、と踏んでいたに違いない。そのことを示すのが、史料の傍線部分であ

る。これは彼が寄進先の新福寺に対して、永秀が三〇年後、本銭三貫五〇〇文を返さない場合にこの田の成敗を認める、と言う文言だが、三〇年後に永秀が銭を返還することが現実的ではないことを踏まえるならば、この文言は、本銭が返還されないことを予測して、寺の権利をあらかじめ書き込んで置いたもの、とすることができる。

そのうえで香取之長は、永秀が三〇年たつ前にこの田を取り戻す危険を回避するために、寺に寄進し仏物としたのである。香取之長による寄進の意味はここにある。この時期の寄進の本質がよくあらわれている事実と言えるだろう。

寄進をめぐる内と外——エピローグ

中世における寄進

まず、ここまで述べてきたことをまとめておこう。中世の成立期の流通や交易の発展のなか、長者《ちようじや》と呼ばれるような有徳《うとく》の人びとが京都を中心にひろく社会に出現し、寄進される富がもたらされた。やがて寄進は、荘園制の成立のなかで贈与行為として重要な役割を果たすようになってゆく。

その後も贈与行為としての寄進は、荘園制を超えて中世で機能してゆく。その一つとして、紛争を解決する「寄《よ》せ沙汰《ざた》」としての機能がある。そのおもな担い手は、山僧や神人《じにん》という権門寺社に奉仕する有徳の人びとと、有勢の武士たちである。

やがて神仏とともにあった寄進は、寺社への信仰の証しとして中世社会に深く浸透してゆく。地域の寺社や霊場には、武士・有徳人や一般の民衆に至るまで、多くの人びとから寄進が行なわれ、土地や財の確保とともにさまざまな機能を発揮してゆくことになる。

そこに滞留する富は、中世の地域社会を保持するさまざまな機能を持っており、そこからはある種の権力が生み出されることになる。また、地域の寺社や村々には、寄進をめぐる結社が創り出され、相互に交流することで融通など扶助的機能をもたらし、地域の金融コミュニティを構築していた。

このように、寄進という行為は、中世の富を動かすことで独自に社会的関係を創り出し、中世社会に権力や結社、コミュニティを生み出す多様な機能を担っていたのである。

さて、以上を前提として、エピローグでは、寄進をめぐる内《うち》（日本でのその後）と外《そと》（日本以外の国々との比較）の視点から、日本中世の寄進を浮き彫りにしてみよう。

戦国時代の寄進

まずは中世から近世の過渡期である戦国時代の寄進について、あらためてみておこう。さきに近江国の例で、戦国大名浅井《あさい》氏《し》が大原観音寺《おおはらかんのんじ》の寺領を簡単には崩せなかったことをみた。寺院の持つ宗教的機能を大名も必要としていたからである。しかし、寺社に寄進された土地は、やはり大名権力のもとに除々に把握され否定されてゆく傾向にあったことも否めない現実だった。

遠江国の大福寺《だいふくじ》の場合、戦国大名今川氏《いまがわし》による寺領の把握が進み、寺領は今川氏のもとに再編成される。すると従来は維持されていた荘園制の名《みょう》など土地制度自体がみられなくなり、さらに寄進を示す寄進状も、一六世紀前半の大永《だいえい》五年（一五二五）を最後にみられなくなる。

今川氏や武田氏《たけだし》ら戦国大名は、検地を行ない、従来の土地制度の改変を目指すが、その過程で寺社の独自な土地所有の否定を進める。大福寺の場合も、検地か指出による調査を受けた形跡があり、その一例としてよいだろう。その後、豊臣秀吉から始まる太閤検地《たいこうけんち》が施行されると、各地域の寺社の土地所有は原則、否定される。同時に、それを支えていた土地の寄進行為も、衰退し姿を消すことになる（林文理「戦国期若狭武田氏と寺社」『戦国期権力と地域社会』による）。

一方、村落や寺社の所有を支えていた「仏物・寺物」観念も変化をきたす。すでに一三世紀半ば以降、「仏物・寺物」に「人物」が侵入する、という動向が進展していたことをみた。この傾向は戦国時代になると、いっそう拍車がかかる。近江国堅田《かただ》の真宗《しんしゅう》寺院の本福寺《ほんぷくじ》が所蔵する戦国時代の記録『本福寺跡書』は、この点に関する興味深い話を載せる。

永正《えいしょう》七年（一五一〇）から天文《てんぶん》十年（一五四一）頃の話として、「隣郷いかなる里にも老《おとな》になりて得分あり」「道場のものを食うたこそ得よ、使ふたこそ得なれと、あれに隠し、これに隠し食い費《つい》やすばかりなり」（カタカナをひらがな表記にあらためた）とあり、近隣の村々に「老」（乙名《おとな》＝村の指導者）がおり、彼らが道場（寺院）の「寺物」を私的に使用している有様を記している。

これは、それまでの惣村などでの「寺物・仏物」への関与とは明らかに異質なものである。「人」の侵入がかつてないほどに進展しているのである。「仏物・寺物」をもとに「結社」が担っていた機能も、衰退していったと推測することができる。

もちろん、贈与や寄進は人間に普遍的な行為であり、それ自体がなくなるわけではない。ここで変化の兆しがみえるのは、土地や人間関係を介した社会的機能が、以前ほどには期待されなくなった、ということである。その意味で、つぎの近世社会における寄進の位置づけは、注目される。

近世社会と寄進

徳川幕府は宝暦《ほうれき》十二年（一七六二）二月、百姓はもちろん、領主・地頭《じとう》であっても、寺院へ田畑を寄附することを禁止している（「正宝録続」ほか。『東京市史稿 産業篇第二十』）。これは、百姓所持の地所を勝手に寺院に寄附することにより生じる、寺院の土地の混乱や本末関係の混乱を避けるためのものである。またその後、一八世紀後半に大石久敬《おおいしひさたか》によって書かれた有名な地方書《じかたしょ》（農政に関する手引き書）である『地方凡例録《じかたはんれいろく》』も、「寄附地之事」の項目を立て、この宝暦十二年の法令を引いて、百姓・町人の寺社への田地寄進が当時禁止されていたことを指摘している。

『地方凡例録』は、百姓らの土地寄進により、年貢諸役の勤めがおろそかになる危険性があることを、禁止の理由の一つとしてあげている。これは、かつての地域の人びとによる土地の寄進が、土地を媒介として新たな社会的な関係（権力）を構築していたことを、近世の為政者が正しく認識していたことを図らずも示している。やはり、中世的な機能を持った寄進行為は、近世社会では明確に否定されていたのである。

世界史のなかの寄進

では、視野を人類社会全体にひろげた時、寄進とはどのような行為であり、どのような特色を持ったものとすることができるだろうか。

幸いなことに歴史研究では、さまざまな社会における寄進の持つ意味を比較史的に検討した蓄積がある。歴史学研究会が二〇〇〇年六月に、雑誌『歴史学研究』七三七号で企画した「特集　寄進文書　その様式と社会的意味」に寄せられた六本の論文、また同会によって開催された、二〇〇七年五月の大会の「全体会報告」の特集として組まれた「寄進の比較史　富の再分配と公共性の論理」の三本の論文（『歴史学研究』八三三号）が導きの糸となる。じつは筆者はこの両方の企画に論文を寄せている。筆者の寄進への関心と研究は、この二つの企画に大きく影響を受けているといってよい。それはともかく、これらを頼りにして、視野をひろく世界史に向けてみよう。

ここではビザンツ帝国・ヨーロッパ中世・イスラーム社会・インド中世・中国明清時代・日本中世の寄進行為の諸相がとりあげられ、史料の形式のあり方とともに、検討されている。

煩雑になるので、個々の論文についてここであげることはさし控えるが（本書末尾の参考文献を参照されたい）、筆者が読みとった、それぞれの社会の寄進の特色をつぎに概観してみよう。

グローバルな寄進行為

まずヨーロッパ中世（およそ五世紀から一五世紀）とビザンツ帝国（東ローマ帝国。四世紀後半から一五世紀半ば）は、ともにキリスト教の圧倒的な影響下のもと、教会や修道院への寄進が盛んにみられた。いずれも教会の創造と庇護を責務とする王や皇帝の寄進の比重が高いことが注目される。しかし同時に、俗人の寄進も存在していたのである。寄進は、高度な統治行為の性格を帯びていたのである。いずれにせよ、これらが、キリスト教的慈善・名誉の観念に貫かれていたことは重要である。

は言うまでもない。

一方、南アジアのインドでは、ヒンドゥー教・ジャイナ教・仏教の寺院・僧侶などの宗教組織への土地や村落の施与（寄進）は、紀元前五、六世紀頃から徐々に行なわれ、一一、二世紀には最高潮に達したという。インドの施与は、「ダーナ＝施与」の観念に基づくもので、見返り・利益を期待しない贈与であり、友人や親族の間でなされる世俗の互酬的なダーナとは明確に区別される。ここでも王権による施与の意味は重く、土地・村落の施与は王により独占される。王による土地の寄進は、権威の象徴、あるいは徳化の象徴である。ただ一方で、私的な俗人領主の寄進も、やはりみられるのである。ただし、王は無数に存在する金銭や物品の施与には関与しないという。

同じアジアでも、中国の明清時代（一四世紀半ばから二〇世紀初頭）をみると、寄進行為そのものが、あまり盛んであったとは言えないようである。中国明清時代では、仏教・道教・イスラム教や、これらが混交《こんこう》した民衆宗教が存在したが、土地の寄進を示す史料はごくわずかである。その理由としては、「宗族《そうぞく》」という親族の組織の特質が関係しているという指摘がある。宗族とは、父系の血統（気脈という）を受け継ぐ人間存在の総体を意味するもので、要するに宗族に管理される土地を、個人の信仰のために勝手に寄進することが規制される傾向があったという。

しかし一方で、明清時代には、宗教性を帯びない善会《ぜんかい》・善堂《ぜんどう》といった慈善団体への寄附が盛んに行なわれ、公共的な社会福祉を体現していたという。

以上、各国・地域の寄進を概観してみた。もちろん、これらはごく一部と考えるべきで、寄進という行為の普遍性からして、洋の東西を問わず、さまざまな歴史社会において、寄進が行なわれていたことは、言うまでもないだろう。

寄進行為の多様さ

ただ、このようにみただけでも、寄進の多様性は明らかである。これも、およそあらゆる歴史社会が多様な法や慣習、秩序を持つ以上、当然のことと言えるが、その多様性をあえて整理してみると、その特徴は以下のような諸点となるだろう。

まず、寄進をする人とその相手である。一神教・多神教とその堂祠《どうし》を問わず、寄進はひろくみとめられることは重要である。そして、そこで目立つのが、王権や国家が主導する土地の寄進である。しかし一方で、王権が目立たないか、それがみとめられない社会がある。また、王以外の、多くの人びとの寄進の程度にも、さまざまな差違がみとめられる。そして、そもそも寄進があまり盛んではない中国明清時代のような社会もあるのである。

つぎに、寄進される物件である。土地や村落の寄進はその社会の根幹ともいうべき土地制度（社会制度）と直結するもので、そこでの王権の介在が非常に強いことは、この点から理解できる。しかし俗人の寄進も存在することは、その社会の性格を考えるうえで重要な点である。日本の場合は、王から民衆まで広汎にみられるのであり、まさに土地と人びとの関与のあり方を計る物差しになりうる点である。土地以外の品目については、王権が関与しないインドのような社会のあり方も特筆されるだろう。

また、ここでは十分にふれられないが、物件の種類・階層の上下に関わって、銅板・紙・木材・石碑など、寄進行為をしるす史料の多様性がみとめられることも重要だろう。このようにみてくると、寄進行為とその史料とは、ある歴史社会の特徴や性格を映し出す、興味深い鏡の一つ、ということができるであろう。

イスラームのワクフ

さて、日本の中世社会との関連を考えた場合、とくに興味深いのは、イスラーム社会におけるワクフである（加藤博『イスラム世界の経済史』などによる）。

ワクフとは、本来「停止」を意味するアラビア語で、寄進者の所有する物件の移動を停止し、その収益を慈善事業に費やすイスラームの寄進制度のことである。その用途はひろ

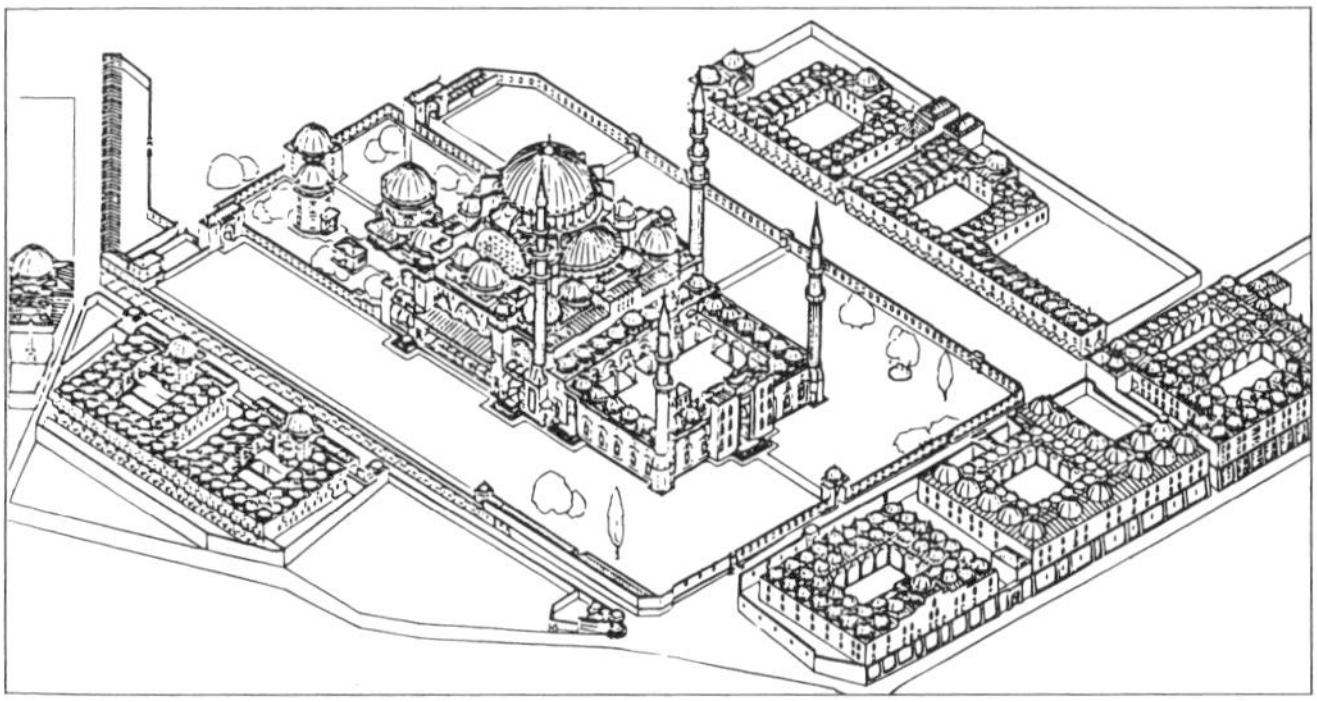

図20　ワクフ複合体　スレイマニエ・モスク（林佳世子『オスマン帝国の時代』山川出版社，1997年）

く、前近代ではモスク（礼拝堂）やマドサラ（学院）などの宗教施設や貧窮事業、またとくにサビール（共同給水泉）・病院・墓地など、都市の公共的機能を担う機関の建設がワクフによって行なわれた（図20）。

ワクフが寄進される際には、文書が作成され、ワクフの管財人（管理人。ナーズィル）が財源と宗教施設の収支を監督する。とくにイスラーム都市では、宗教施設の建設にともない、運営費用の捻出のための市場や隊商宿などが新設される。つまりは都市の宗教と経済の基盤を同時に実現するシステムなのである。

現在でもイスラーム都市では、ワクフが機能している場合がある。国家にとっては、ワクフ制度は社会とのつながりを確保し、統治の正当性の承認を得る有力な手段であった。エジプトのワクフ省など、ワクフを管理する国家にはそのための機関が存在している場合がある。このように、財の寄進により、宗教性と独自な社会制度を同時に実現している社会、それがイスラーム社会なのである。

中世イスラームのワクフと日本の寄進

このワクフ制度と日本中世の寄進を比較する場合、五十嵐大介による、中世イスラーム時代の東アラブ世界におけるワクフの運用の分析は、非常に興味深い（五十嵐大介『中世イスラーム国家の財政と寄進』などによる）。

五十嵐によれば、マムルーク朝（一三世紀半ばから一六世紀初頭）の当初、イスラーム法上、国有地であった土地の徴税権・管理権を、有力軍人層のアミール（軍団長）に委ねるかたちで運用されたイクター制は、一四世紀後半からのイクターの売却とそのワクフ化により衰退する。ワクフの設定は、軍人支配層自身により行なわれ、マムルーク朝滅亡時には、全土の農地の約四割を占めるに至っていたという。

軍人層によるワクフの設定は、善行や宗教的目的はもちろんだが、それ以上に保有財産の確保の側面が強く、寄進者の家族や子孫を第一の受益者に設定する「家族ワクフ」の場合が多く、慈善事業の費用をはるかに上回る収入を確保できた。また、ワクフの管財人には高級軍人が参入し、その土地を農民に賃借し利得を得る運用をしていたという。

このように、国家制度の変化から始まって、社会的な優位を占める有力軍人層が、宗教的・慈善的な性格を帯びたワクフを確保・運用しつつ、自らの社会的ステージを強固にしていった、という点は、日本中世の寄進とたいへん類似していると言えるだろう。

日本社会において、寄進によって律令《りつりょうせい》制から荘園制が成立する経緯、有徳人や武士による寺社への寄進、信仰と利潤の確保、さらに公共的な事業への参画など、比較できる点がある。日本の有徳人や武士の場合も、利潤の実現と宗教的な行為の双方を視野に入れており、アミールなどと大変近い。そう考えると、寄進地の運用による社会の複雑化は、その後、ワクフを基盤とした結社などを生み出さなかったのだろうか。ワクフ物件の所有権については、いわゆるウンマ（イスラム信徒共同体）に帰属するとされる場合があるそうなので、日本中世の結社のように、その際におけるワクフによる宗教や信仰、慈善事業の具体的なあり方などは、どうだったのだろうか。ぜひ知りたいところである。

寄進の比較史へ

このように、多様な歴史社会のなかに、日本の寄進と類似するものを探すことはさして困難なことではないだろう。もちろん相違する点もある。イスラームとの場合にしても、ワクフが現在に至るまで社会的に命脈を保っていることは、近世以降と断絶がある日本とは大きな相違となっている。日本とイスラムの互酬的な贈与としての性格が、多様な機能を実現する半面、これと異なり、宗教的贈与を厳しく区別するインドのような社会もある。

日本の場合に言及した、紛争解決としての機能（寄せ沙汰）にしても、中世ヨーロッパ史でも近年、一一～一二世紀の修道院と俗人領主の間の寄進に、互酬的な社会関係の設定のための性格があるとする研究があるという。隣人としての友好関係の構築のため、つまりは紛争回避のための寄進というわけである（岡崎敦「ヨーロッパ中世の寄進文書」『歴史学研究』七三七による）。

以上、比較史の視点について、思いつくままに論を重ねた。だが、寄進をめぐる比較史的な研究とは、まだ始まったばかりである。日本中世における寄進を、正面から扱ったほぼ唯一の書物である本書が、そのための一つのキーストーンともなることを念じて、筆をおくことにしたい。

あとがき

エピローグでも述べたように、本書の直接のなりたちには、歴史学研究会（歴研）の二つの企画に参加したことによるところが大きい。ただ、その際にも今までの仕事を踏まえて、とのオファーを企画担当の方々にいただいたので、私の関心はもっとさかのぼるのだろう。そこでおぼろげな記憶をたぐってみると、大学二年の夏にゆき当たる。

師が企画する夏の古文書採訪。すごく暑い若狭小浜のとある寺院で、中世の寄進状や売券を前にして、読むことになった時である。

読めなかった。何が書かれているのか、なぜお寺にこのようなものが存在するのか、まったく見当がつかなかった。一緒に並んで読んでいた同級生のＩ君が、心得があったのだろう、すらすらと読んだことを驚愕のまなざしで見ていた、あの一九八〇年の夏の日。

それ以来、私のなかには、寄進状や売券が棲みついてしまったらしい。気がつくとこうした史料、中世の証文類があるところを、なぜか研究の対象にしていた。

それともう一つ。だいぶ以前にある先輩の研究者に言われた、「あなたは人やモノの移動に興味があるんだね」の言葉。あたっていた。なぜだかはわからない。研究者としての私の性《さが》、なのであろう。流通や交通のありかたやその場、富の移動、人の想い（信仰）のやりとり、かたち。やはり本書に反映されている。人のなりたちとは怖いものである。

そして「権力」にこだわるのは、世代なのか、職歴なのか。武士（在地領主）の研究はするが、私自身はまったく権力的・政治的な人間ではない。しかし身近な権力関係には敏感だし、公務員（学芸員）として組織のなかで「従属」することの窮屈さも長く知っている。だから手放しの「自力」や「自治」などの言説には敏感に反発する。そこで「自己統治」論に行き着くことになる。

裏話めいた独白もここいらで切り上げることにしよう。読者の皆さんにはあまり関係のないことでもあるし……。それよりも、寄進に視点を据えた本書の試みが成功しているか否か。皆さんの厳しいご批判を心して待つことにしたい。

最後になるが。お声がけいただいた吉川弘文館の斎藤信子さん、そして斎藤さんから引き継いで本書を完成させて下さった大熊啓太さんのお二人にともどもお礼申し上げる。と同時に、ご依頼がちょうど前職の博物館から今の職場の大学への転職と重なり、なかなか執筆にとりかかれず、原稿の完成が当初の予定より大幅に遅れてしまったことをお詫びしたい。

さて。今後はなにを、どのように研究すべきか。それについては、本書ともじっくり対話しながら、また精々と歩んでゆくことにしたい。

二〇二〇年冬　暦が還る春を前に

湯浅治久

主要参考文献

〔史料〕

『大嶋奥津嶋神社文書』→『大嶋神社・奥津嶋神社文書』（『滋賀大学経済学部附属史料館研究紀要』一九六八～七六年）
『大原観音寺文書』→『史料纂集　近江大原観音寺文書　第一』（続群書類従完成会、二〇〇〇年）
『勝尾寺文書』→『箕面市史　史料編一　勝尾寺文書』（箕面市役所、一九六八年）
『香取文書』→『千葉県の歴史　資料編中世二（県内文書一）』（千葉県、一九九七年）
『千葉県史料　中世篇　香取文書』（千葉県、一九五七年）
「鎌倉幕府法」「同追加法」→『中世法制史料集　第一巻　鎌倉幕府法』（岩波書店、一九六九年）
「公家法」→『中世法制史料集　第六巻　公家法・公家家法・寺社法』（岩波書店、二〇〇五年）
『朽木家文書』→『史料纂集　朽木文書一・二』（続群書類従完成会一九七八・八一年）
『内閣文庫影印叢刊　朽木家古文書上・下』（国立公文書館内閣文庫、一九七七・七八年）
『久米田寺文書』→『岸和田市史史料　第一輯　泉州久米田寺文書』（岸和田市、一九七三年）
『全訳注高橋貢　古本説話集（上）（下）』（講談社、二〇〇一年）
『梅沢本古本説話集　川口久雄校訂』（岩波文庫、一九五五年）
『サントリー創業一〇〇周年記念展Ⅳ　特別公開　国宝信貴山縁起絵巻』（サントリー美術館、一九九九年）

『菅浦文書』→『菅浦文書　上・下』（滋賀大学経済学部附属史料館、一九六〇・六七年）
『地方凡例録』→『大石慎三郎校訂　地方凡例録上下巻』（東京堂出版、一九九五年）
「折伏正義抄」→『大日本史料　八編二十三』（東京大学出版会、一九七三年）
「授手印決答受決鈔」→『浄土宗全書　第一〇巻』（山喜房仏書林、一九七一年）
『太山寺文書』→『兵庫県史　史料編　中世二』（兵庫県、一九八七年）
『大福寺文書』→『静岡県史　資料編五・六　中世一・二』（静岡県、一九八九・九二年）
『長楽寺文書』→『群馬県史　資料編五　中世一』（群馬県、一九七八年）
『中山法華経寺文書』→『千葉県の歴史　史料編中世二（県内文書一）』（千葉県、一九九七年）
「年中雑々」『成菩提院文書』→福田榮次郎編『中世・近世地方寺社史料の収集と史料学的研究』（明治大学、一九九四年）
『文正草紙』→『御伽草子（上）』（岩波文庫、一九八五年）
「本福寺跡書」→『日本思想大系　蓮如　一向一揆』（岩波書店、一九七二年）
『本蓮寺文書』→『牛窓町史　資料編二　中世』（牛窓町、一九九七年）
「峯相記」→『兵庫県史　史料編　中世四』（兵庫県、一九八九年）
『妙興寺文書』→『新編一宮市史　資料編五』（一宮市、一九六三年）
『妙国寺文書』→『品川区史　資料編　中世編』（品川区、一九七一年）
『律令』→『日本思想大系　律令』（岩波書店、一九七六年）

〔参考文献〕

なぜ、寄進と権力か―プロローグ

小松和彦『福の神と貧乏神』（ちくま文庫、二〇〇九年）
桜井英治『贈与の歴史学』（中公新書、二〇一一年）
杉田　敦『権力論』（岩波書店、二〇一五年）
ディヴィット・グレーバー〔酒井隆司監訳・高祖岩三郎・佐々木夏子訳〕『負債論』（以文社、二〇一六年）
マルセル・モース『贈与論』（岩波文庫、二〇一四年）
若森みどり「贈与―私たちはなぜ贈りあうのか―」（橋本努編『現代の経済思想』勁草書房、二〇一四年）

中世社会のなりたちと寄進

泉　武夫『躍動する絵に舌を巻く　信貴山縁起絵巻』（小学館、二〇〇四年）
市川訓敏「村堂への「寄進」行為について」（『関西大学法学論集』二七―四、一九七七年）
伊藤　聡『神道とは何か』（中公新書、二〇一二年）
遠藤基郎「荘園制収取の構造と変容」（『歴史学研究』七四二、二〇〇〇年）
大石直正「荘園公領制の展開」（『講座日本歴史三』（東京大学出版会、一九八四年）
『大山崎町史　本文編』（大山崎町役場、一九八三年）
笠松宏至『日本中世法史論』（東京大学出版会、一九七九年）
笠松宏至『法と言葉の中世史』（平凡社、一九八四年）
鎌倉佐保『日本中世荘園制成立史論』（塙書房、二〇〇九年）

蔵持重裕『中世村の歴史語り』（吉川弘文館、二〇〇二年）
黒田俊雄『日本中世の国家と天皇』（岩波書店、一九七五年）
荘園史研究会編『荘園史研究ハンドブック』（東京堂出版、二〇一三年）
薗田香融「朝日山信寂と浄土宗播磨義」（『日本宗教の歴史と民俗』隆文館、一九七六年）
高木　豊「日蓮の思想の継承と変容」（『日蓮攷』山喜房仏書林、二〇〇八年）
高橋一樹『鎌倉幕府と荘園制』（塙書房、二〇〇四年）
藤本　誠『古代国家仏教と在地社会』（吉川弘文館、二〇一六年）
保坂俊司『宗教の経済思想』（光文社、二〇〇六年）
元木泰雄『河内源氏』（中公新書、二〇一一年）
安丸良夫「黒田俊雄の中世宗教史研究」（『戦後知の可能性』山川出版社、二〇一〇年）
湯浅治久『戦国仏教』（中公新書、二〇〇九年）
湯浅治久「蔵と有徳人」（小野正敏ほか編『中世人のたからもの』高志書院、二〇一一年）

中世社会のひろがりと寄進

朝比奈新「伊勢神宮領荘園における寄進行為の実態」（『人民の歴史学』二一〇、二〇一六年）
『愛知県史　通史編二　中世一』（愛知県、二〇一八年）
上村喜久子「国人層の存在形態」（『尾張の荘園・国衙領と熱田社』岩田書院、二〇一二年）
苅米一志『荘園制社会における宗教構造』（校倉書房、二〇〇四年）
『岸和田市史　第二巻　古代・中世編』（岸和田市、一九九六年）

『改訂 九度山町史 通史編』（九度山町、二〇〇九年）
『品川区史 通史編 中世編』（品川区、一九七三年）
『品川区立品川歴史館特別展 中世寺院と品川』（品川区立歴史館、二〇一九年）
田中修實『日本中世の法と権威』（高科書店、一九九三年）
田中大喜『中世武士団構造の研究』（校倉書房、二〇一一年）
西岡芳文「六浦瀬戸橋をめぐる二、三の問題」（『六浦文化研究』三、一九九一年）
松浦義則「戦国大名若狭武田氏の買得地安堵」（『福井大学教育学部紀要社会科学』四〇、一九九〇年）
『箕面市史 第一巻（本編）』（箕面市役所、一九六四年）
村石正行『中世の契約社会と文書』（思文閣出版、二〇一三年）
村井章介『分裂する王権と社会』（中央公論新社、二〇〇三年）
山本隆志『東国における武士勢力の成立と展開』（思文閣出版、二〇一二年）
湯浅治久「日本中世の在地社会における寄進行為と諸階層」（『歴史学研究』七三七、二〇〇〇年）
湯浅治久『中世後期の地域と在地領主』（吉川弘文館、二〇〇二年）
湯浅治久『中世東国の地域社会史』（岩田書院、二〇〇五年）
湯浅治久「日本中世社会と寄進行為―贈与・神仏・共同体―」（『歴史学研究』八三三、二〇〇七年）
湯浅治久『動乱の東国史三 蒙古合戦と鎌倉幕府の滅亡』（吉川弘文館、二〇一二年）

寄進をめぐる結社の成立

岩井克人『ヴェニスの商人の資本論』（筑摩書房、一九八五年）

岸本美緒「土地を売ること、人を売ること」（『比較史のアジア』東京大学出版会、二〇〇四年）
窪田涼子『中世在地社会の共有財と寺社』（同成社、二〇一九年）
釈迦堂光浩「中世後期地域社会における勧進と奉加」（『駿台史学』一〇一、一九九七年）
玉山成元『中世浄土宗教団史の研究』（山喜房仏書林、一九七一年）
中田　薫「本尊の権利能力」（『法制史研究　第三巻下』一九四三年）
似鳥雄一『中世の荘園経営と惣村』（吉川弘文館、二〇一八年）
藤木久志『飢餓と戦争の戦国を行く』（朝日新聞社、二〇〇一年）
峰岸純夫『中世災害・戦乱の社会史』（吉川弘文館、二〇〇一年）

戦国経済のなかの売買と寄進

網野善彦「海民の社会と歴史二　霞ヶ浦・北浦」（『社会史研究』二、一九八三年）
菅野文夫「中世における土地売買と質契約」（『史学雑誌』九三―九、一九八四年）
久留島典子『一揆と戦国大名』（講談社学術文庫、二〇〇九年）
鈴木哲雄『香取文書と中世の東国』（同成社、二〇〇九年）
田中慶治『中世後期畿内近国の権力構造』（清文堂、二〇一三年）
湯浅治久「中世香取社領における土地売買の基本的性格」（『千葉県史研究』一二、二〇〇四年）
湯浅治久「有徳人井戸庭弥次郎とその時代」（『三田中世史研究』一三、二〇〇六年）
湯浅治久「香取社宮中町の成立と変貌」（佐藤博信編『中世東国の社会構造』岩田書院、二〇〇七年）
湯浅治久「香取社領の村・町と神官・百姓」（『千葉県の歴史　通史編　中世』（千葉県、二〇〇七年）

湯浅治久「東国における地下文書の成立―『香取文書』の変化の諸相―」（春田直紀編『中世地下文書の世界―史料論のフロンティア―』勉誠出版、二〇一七年）

寄進をめぐる内と外―エピローグ

五十嵐大介「一四世紀末～一六世紀初頭エジプトにおける土地制度の展開―ワクフ（寄進）地の拡大とその影響―」（『史苑』七二―二、二〇一二年）
五十嵐大介『中世イスラーム国家の財政と寄進』（刀水書房、二〇一一年）
加藤　博『イスラム世界の経済史』（NTT出版、二〇〇五年）
林佳世子『オスマン帝国の時代』（山川出版社、一九九七年）
林　文理「戦国期若狭武田氏と寺社」（『戦国期権力と地域社会』吉川弘文館、一九八六年）
三浦　徹『イスラームの都市世界』（山川出版社、一九九七年）
『歴史学研究』七三七、二〇〇〇年「特集　寄進文書―その様式と社会的意味―」
大月康弘「ビザンツ社会の寄進文書」、岡崎敦「ヨーロッパ中世の寄進文書」、岩武昭男「ワクフ文書の形式」、三田昌彦「インド「中世初期」の銅版施与勅書形式に関する一考察」、臼井佐知子「文書からみた中国明清時代における「寄進」」、湯浅治久「日本中世の在地社会における寄進行為と諸階層」
『歴史学研究』八三三、二〇〇七年「大会全体会報告特集　寄進の比較史―富の再分配と公共性の論理―」
大月康弘「寄進と再分配の摂理」、湯浅治久「日本中世社会と寄進行為」、小浜正子「中国史における慈善団体の系譜」

著者略歴

一九六〇年、千葉県に生まれる
一九八五年、明治大学大学院文学研究科博士前期課程修了
現在、専修大学文学部教授、博士（史学）

〔主要著書〕
『中世後期の地域と在地領主』（吉川弘文館、二〇〇二年）
『中世東国の地域社会史』（岩田書院、二〇〇五年）
『戦国仏教』（中公新書、二〇〇九年）
『蒙古合戦と鎌倉幕府の滅亡』（吉川弘文館、二〇一二年）

歴史文化ライブラリー
497

中世の富と権力
寄進する人びと

二〇二〇年（令和二）四月一日　第一刷発行

著　者　湯《ゆ》浅《あさ》治《はる》久《ひさ》
発行者　吉川道郎
発行所　株式会社 吉川弘文館
東京都文京区本郷七丁目二番八号
郵便番号一一三—〇〇三三
電話〇三—三八一三—九一五一〈代表〉
振替口座〇〇一〇〇—五—二四四
http://www.yoshikawa-k.co.jp/
印刷＝株式会社 平文社
製本＝ナショナル製本協同組合
装幀＝清水良洋・高橋奈々

ISBN978-4-642-05897-1

歴史文化ライブラリー

1996.10

刊行のことば

現今の日本および国際社会は、さまざまな面で大変動の時代を迎えておりますが、近づきつつある二十一世紀は人類史の到達点として、物質的な繁栄のみならず文化や自然・社会環境を謳歌できる平和な社会でなければなりません。しかしながら高度成長・技術革新にともなう急激な変貌は「自己本位な刹那主義」の風潮を生みだし、先人が築いてきた歴史や文化に学ぶ余裕もなく、いまだ明るい人類の将来が展望できていないようにも見えます。このような状況を踏まえ、よりよい二十一世紀社会を築くために、人類誕生から現在に至る「人類の遺産・教訓」としてのあらゆる分野の歴史と文化を「歴史文化ライブラリー」として刊行することといたしました。

小社は、安政四年（一八五七）の創業以来、一貫して歴史学を中心とした専門出版社として書籍を刊行しつづけてまいりました。その経験を生かし、学問成果にもとづいた本叢書を刊行し社会的要請に応えて行きたいと考えております。

現代は、マスメディアが発達した高度情報化社会といわれますが、私どもはあくまでも活字を主体とした出版こそ、ものの本質を考える基礎と信じ、本叢書をとおして社会に訴えてまいりたいと思います。これから生まれでる一冊一冊が、それぞれの読者を知的冒険の旅へと誘い、希望に満ちた人類の未来を構築する糧となれば幸いです。

吉川弘文館